Hermann Mahnke

„KOMM UND SIEH!“

Begleitbuch

für Konfirmandinnen
und Konfirmanden

Calwer Verlag Stuttgart

Quellenverzeichnis

1. **Karikaturen und Rätselbilder von Werner „Tiki" Küstenmacher aus dem Claudius Verlag, München:** S.15 und 25: „Himmlische Bilderbögen über Gottes Bodenpersonal" (1982, 1996[17]). - S.24: „Ach, du lieber Himmel. Spritzige Bilderbögen über Gott und die Welt" (1983, 1995[12]). - S.20, 28 und 32: „Geistliche Höhenflüge. Der himmlischen Bilderbögen dritter Teil" (1986, 1994[9]). - S.7 und 42: „Ewige Jagdgründe. Himmlisch weltliche Bilderbögen No.4" (1988, 1994[6]). - S.27, 51, 79, 83 und 100: „Die fromme Geisterbahn. Der Himmlischen Bilderbögen 5. Teil" (1992, 1996[4]). - S.7: „Das himmlische Tral-lala. Ein pfiffiger Streifzug durch die Gefilde der Kirchenmusik" (1995, 1996[3]). - S.29, 43, 73, 78, 82 und 91: „Glaube ist ... Sechzig biblische Antworten für Anfänger und Fortgeschrittene" (1993, 1996[4]). - S.53, 96 und 112: „Ich lese die Bibel, weil ... Sechzig Gründe für das Buch der Bücher" (1992, 1995[5]). - S.18, 54, 55, 97, 99, 101 und 112: „Wo ist der verlorene Sohn? Ein lustiges Bibel-Bilder-Rate-Buch" (1984, 1996[15]). - S.46, 77 und 108: „Das Rätselbild von Babylon. Noch ein geheimnisvolles Bibel-Bilder-Rate-Buch" (1992, 1995[3]). - S.13, 31, 37, 63, 69, 74, 83 und 105: „Das Geheimnis am Ölberg und andere Bilderrätsel aus Bibel und Kirche" (1989, 1995[7]). - S.16, 46, 49, 52, 58, 94, 103, 109 und 111: „Tatort Bibel. Ein kriminalistisches Bibel-Bilder-Rate-Buch" (1986, 1996[13]).

2. **Weitere Zeichnungen von Werner „Tiki" Küstenmacher:** S. 41, 84 und 86: „Chris, die Kerze und die Geschichte vom Abendmahl", Calwer Verlag, Stuttgart / Pattloch Verlag im Weltbild Verlag GmbH, Augsburg 1995. - S.105-107: aus: Brief der Landessynode der Ev.-Luth. Kirche in Bayern vom 27. 11. 1980 an junge Christen zum Thema „Ehe und Familie". - S.70 und 92: Der Gemeindebrief Nr.86 [April/ Mai 1988] und Nr.93 [Juni/Juli 1989], © GEP/Der Gemeindebrief, Frankfurt/M.

3. **Zeichnungen anderer:** S.7 Mitte: von Uta Mahnke. - S.5 oben, 10 und 72 unten links: von Stefan Tetzlaff. - S. 90 Mitte: von Kurt Schmischke (aus: Ruth Maier, „Konfirmiert - informiert", Agentur des Rauhen Hauses, Hamburg 1974). - S.102: von Ekkehard Stier.

4. **Material aus: „Druckfertige graphische Vorlagen" Bd. I-VI, Evangelischer Werbedienst, Stuttgart 1979-1991:** S.63, 80, 82, 86, 98 und 108: Bd. I. - S.6, 72, 76 und 99: Bd. II. - S.36 und 110 oben: Bd. III. - S.42 und 82: Bd. IV. - S.26, 55, 77 und 104: Bd. V. - S.14 und 18: Bd. VI. - Vom Evangelischen Werbedienst stammen ferner die Vignetten auf S.19 und 29.

5. **Material aus: „Der Gemeindebrief". Materialdienst für die Gemeindearbeit, © GEP/Der Gemeindebrief, Frankfurt/M.:** S.30: Nr.75 (April/Mai 1986). - S.44: Nr.106 (August/ September 1991). - S.74: Nr.81 (Juni/Juli 1987). - S.110 unten: Nr.109 (Februar/ März 1992).

6. **Bilder, Grafiken und Fotos:** S.35, 45, 52, 56, 64, 75, 81 und 98: Grafiken von Hans Georg Anniès (Moritzburg bei Dresden). - S.43, S.70 Mitte und S.90 unten: Albrecht Arnold (Dettingen/Erms). - S.60: Franz Cestnik (Einbeck), „Gekreuzigter" - S.22: Albrecht Dürer, „Betende Hände". - S.91 unten: Lothar Nahler (Hillesheim) - S.25: Hans Orlowski, „Psalm 69".

7. **Fotos von Rudolf Lindemann (Einbeck):** S.11-13, 17 und 38: aus der Marktkirche St. Jacobi, Einbeck. - S.61-62 und 65-67: vom Altar der Johanniskirche, Uslar. - S.69: aus der Münsterkirche St. Alexandri, Einbeck. - Weitere Fotos: S.81, 85, 88 und 89.

8. **Texte:** S.23: Gebet: stark gekürzte und überarbeitete Fassung des „Gebets einer Mutter im Alltag" von E. Baden. - S.34: Neufassung Ps 8: aus: „Aktion Gottesdienst I" hg. von U. Seidel / D. Zils, Jugenddienst-Verlag, Wuppertal / Verlag Haus Altenberg, Düsseldorf 1970. - S.79 unten: Gebet: aus China. - S.90: „Geschichte vom Sultan und dem Tod": Verfasser unbekannt; stark veränderte Fassung einer amerikanischen Vorlage. - S.106: Brief von Walter Trobisch: aus: „Ich liebte ein Mädchen. Ein Briefwechsel" hg. von W. Trobisch, Verlag Vandenhoeck & Ruprecht, Göttingen / Verlag Styria, Graz 1980[12] S.9f.

9. *Alle sonstigen Texte wie auch die die Fotos aus dem Heiligen Land stammen vom Verfasser. Sämtliche oben nicht angegebenen Diagramme, Abbildungen, Schautafeln und Landkarten wurden zu großen Teilen von Cornelia Stern nach Entwürfen des Verfassers in druckfertige Form gebracht.*

Meinen Konfirmand(inn)en des Konfirmations-jahrgangs 1995 und vielen anderen gewidmet

ISBN 3-7668-3527-0

Satz und Layout: Hermann Mahnke
Einbandgestaltung: Karin Sauerbier, profil, Stuttgart
Druck und Verarbeitung: Gutmann + Co., Heilbronn
Die Bibelstellen sind, wenn nicht anders angegeben,
nach der Revidierten Lutherübersetzung von 1984 zitiert.

Inhalt

Vorwort zum BEGLEITBUCH „KOMM UND SIEH!“

Unzählige Generationen von Christen sind durch Katechismusbücher im christlichen Glauben unterwiesen worden. Herausragende Rollen spielten Martin Luthers *„Kleiner Katechismus“* oder etwa der von Johannes Calvin beeinflußte *„Heidelberger Katechismus“*. Der Katechismus ist ein Glaubensbuch, in dem zusammengefaßt ist, was den christlichen Glauben und ein christliches Leben ausmacht. Die Inhalte der alten Katechismen wurden in Form von Fragen und Antworten dargeboten, die auswendig zu lernen waren.

Hatte Luthers „Kleiner Katechismus“ den Konfirmandenunterricht der lutherischen Kirchen noch in den Fünfzigerjahren des 20. Jahrhunderts geprägt, so trat er im Laufe der Zeit immer mehr in den Hintergrund. Das hängt u.a. mit der sich weiter entwickelnden Pädagogik zusammen. Im schulischen Bereich ging die Tradition des Auswendiglernens zurück, die die Grundlage der Katechismuslehre alten Stils war. Gleichwohl ist das Ziel eines Katechismus, „das Ganze des Glaubens *elementar verstehbar zu machen* und zum Bekenntnis zu führen“[1], das stets aktuelle Anliegen christlicher Unterweisung. Diesem Ziel ist auch das dem KONFIRMANDENKURS „KOMM UND SIEH!“[2] zugehörige BEGLEITBUCH „KOMM UND SIEH!“ verpflichtet. Tritt zwar das Auswendiglernen im heutigen Konfirmandenunterricht - verglichen mit dem Unterricht früherer Generationen - erheblich zurück, so liegt das Gewicht vieler gegenwärtiger Konfirmandenunterrichtsmodelle - und auch des KONFIRMANDENKURSES „KOMM UND SIEH!“ - auf der *argumentativen Einführung in den christlichen Glauben* angesichts seiner Bestreitung oder vielfältiger anderer Heilsangebote, die (jugendliche) Menschen umwerben. Konfirmandinnen und Konfirmanden sollen *verstehen*, was sie am *christlichen Glauben* haben.

Die Texte des BEGLEITBUCHS „KOMM UND SIEH!“ stellen wesentliche Inhalte christlichen Glaubens und Lebens einfach und verständlich dar. Im KONFIRMANDENKURS „KOMM UND SIEH!“ sind sie stets *nach* einer Unterrichtsstunde zu lesen und fassen das im Unterricht Besprochene und Erarbeitete kurz zusammen. Auf diese Weise werden die Inhalte des Konfirmandenunterrichts wiederholt und eingeprägt. *Konfirmandenunterricht* ist nichts anderes als *Taufunterricht*, der den zumeist im Kleinkindalter getauften Jugendlichen von der Kirche erteilt wird. Doch ist die Bedeutung des für Konfirmandinnen und Konfirmanden bestimmten Begleitbuchs nicht auf die Konfirmandenzeit beschränkt. Die Konfirmierten werden dieses Buch oder bestimmte Passagen daraus auch zu einem späteren Zeitpunkt mit Gewinn lesen können, wie denn das BEGLEITBUCH „KOMM UND SIEH!“ durchaus auch in anderen Zusammenhängen - z.B. im Religionsunterricht oder bei der thematischen Arbeit in christlichen Jugendkreisen - Verwendung finden kann.

Als Lesebuch im KONFIRMANDENKURS „KOMM UND SIEH!“ hat auch das Begleitbuch den Namen „KOMM UND SIEH!“ erhalten. Die Worte *„Komm und sieh!“* stammen aus der Geschichte von der Berufung der ersten Jünger Jesu (Johannes 1,35-51): Nathanael kann sich nicht vorstellen, daß Jesus von *Nazareth* der in Israels heiligen Schriften angekündigte und von Gott gesandte „Heiland“ ist (Johannes 1,45-46; vgl. 4,42). Da lädt Philippus ihn ein, Jesus persönlich kennenzulernen: „Komm und sieh!“ (Johannes 1,46). Auch der KONFIRMANDENKURS „KOMM UND SIEH!“ sowie die Texte des BEGLEITBUCHS „KOMM UND SIEH!“ wollen die Konfirmandinnen und Konfirmanden zu einer persönlichen Begegnung mit Jesus Christus einladen. Schenke Gott, daß diese Begegnung am Tage der Konfirmation zum persönlichen Bekenntnis - ihrem persönlich verantworteten Taufbekenntnis - führt (vgl. Johannes 1,49).

„Komm und sieh!“ hat darüber hinaus noch eine andere Bedeutung. Das Begleitbuch und die Praxisentwürfe und Materialien des Konfirmandenkurses enthalten sehr viel Bildmaterial. Von mir entwickelte *Diagramme* (Schaubilder) sind dazu geeignet, bestimmte Lerninhalte „sichtbar“ und leicht behältlich zu machen. Eigene *Fotos* aus dem Heiligen Land und Fotos von Rudolf Lindemann (Einbeck) tragen zur Anschaulichkeit bei. Während die Unterrichtsstunden stark von *Grafiken* des Dresdner Künstlers Hans Georg Anniès geprägt sind, wurden in das Begleitbuch zahlreiche *Karikaturen* und *Rätselbilder* des Münchener Pfarrers und Künstlers Werner „Tiki“ Küstenmacher aufgenommen. Doch finden sich Grafiken von Anniès auch im Begleitbuch und Karikaturen von Küstenmacher ebenfalls in den Unterrichtsstunden. Die unterschiedlichen Inhalte christlichen Glaubens und Lebens werden so auf vielfältige Weise anschaulich: „Komm und *sieh!*“

Hermann Mahnke

---

1 Klaus Wegenast, Artikel „Katechismus“, EKL Bd. II², Göttingen 1989, Spalte 981.

2 Hermann Mahnke, Konfirmandenkurs „Komm und sieh!“. Praxisentwürfe und Materialien für den Konfirmandenunterricht. Mit Grafiken von Hans Georg Anniès und Karikaturen von Werner „Tiki“ Küstenmacher, Calwer Verlag, Stuttgart 1997, ISBN 3-7668-3497-5.

1. Die Bedeutung des Gottesdienstes

a) Ohne Gespräch können Menschen kein gutes Verhältnis zueinander haben

● Bärbel und Claudia sind miteinander befreundet. Sie wollen am Nachmittag gemeinsam etwas unternehmen. Sie haben sich um 16 Uhr bei Bärbel verabredet. Pünktlich trifft Claudia bei Bärbel ein. Nachdem sie sich begrüßt haben, sind sie sofort in ein Gespräch vertieft: *Menschen, die sich verstehen und einander vertrauen, reden miteinander.*

● Karsten und Sylvia können sich nicht ausstehen. Sie treffen sich zufällig beim Einkaufen. Schweigend gehen sie aneinander vorüber: *Menschen, die nichts miteinander zu tun haben wollen, sprechen nicht miteinander.*

● Klaus (12 Jahre alt) und Jürgen (11 Jahre alt) sind Geschwister. In der kleinen Wohnung ihrer Eltern haben sie ein gemeinsames Zimmer. Klaus hat auf dem Fußboden des gesamten Zimmers seine Eisenbahn aufgebaut und spielt damit. Jürgen ist ins Zimmer gestürmt, hat dabei mit dem Fuß gegen die Schienenanlage getreten und sie kaputtgemacht. Klaus schimpft seinen Bruder aus, ob er nicht besser aufpassen könnte. Jürgen fühlt sich nicht schuldig, denn Klaus hat die Eisenbahn auch in der Hälfte des Zimmers aufgebaut, die Jürgen gehört. Beide streiten sich, schreien sich an und verziehen sich danach ein jeder schmollend in seine Zimmerecke. Die Mutter ruft zum Abendessen. Beide Jungen nehmen schweigend am Abendessen teil. Als sie wieder auf ihr Zimmer gehen, hören sie die Mutter noch rufen: „Nun einigt euch doch wieder!"

Jetzt sind sie wieder allein in ihrem Zimmer. Jürgen findet es auf Dauer unerträglich, daß er so mit seinem Bruder zerstritten ist. Er bricht das Schweigen und sagt, daß es ihm leid tut, daß er die Schienenanlage kaputtgemacht hat. Klaus entschuldigt sich daraufhin dafür, daß er seinen Bruder so laut angeschrien hat. Sie machen aus, daß in Zukunft ein Warnzeichen vor die Tür gehängt werden soll, wenn einer von ihnen den gesamten Fußboden zum Spielen benötigt: *Menschen, die sich streiten, haben es besonders nötig, wieder miteinander zu sprechen, damit sie einander näherkommen und sich wieder verstehen.*

Schaubild ① [✎] macht deutlich, daß das gute Verhältnis zwischen zwei Menschen vom Gespräch lebt. Im Gespräch teilen wir einander mit, was uns bewegt: worüber wir uns freuen, was uns ärgert, was uns Sorgen macht.

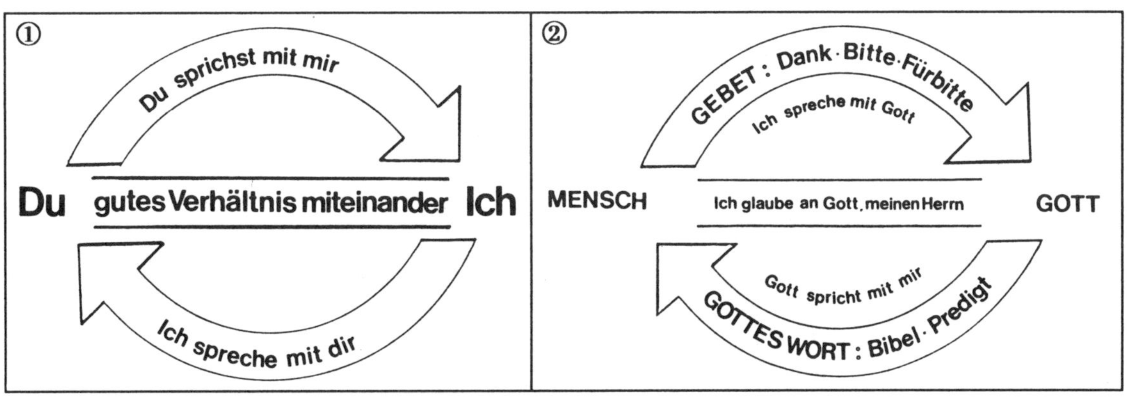

b) Ohne Gespräch können wir Menschen kein gutes Verhältnis zu Gott haben

Menschen haben nur dann ein gutes Verhältnis zueinander, wenn sie miteinander sprechen. Was nun für die Beziehung zwischen Menschen gilt, das gilt auch für unsere Beziehung zu Gott. Gott will unser Freund sein. Er will uns durch unser Leben begleiten. Wir dürfen ihm vertrauen, an ihn glauben.

Schaubild ② [✎] macht uns deutlich, wie eine lebendige Beziehung zu Gott aussieht: Gott ist Gott und Herr des Menschen, der an ihn glaubt. Wer an Gott glaubt, der wird von sich aus mit Gott sprechen = beten. Er wird aber auch Gott zu sich sprechen lassen = auf Gottes Wort achten, wie wir es in der Bibel lesen und im Gottesdienst hören können. Unser Glaube lebt also vom Gespräch: Gott redet mit uns

und wir reden mit Gott. Wer Gott aus dem Weg geht, wer nicht auf sein Wort hört und nicht mit ihm spricht, der kann kein gutes Verhältnis zu Gott haben. Er wird Glaubensschwierigkeiten haben. Er wird mit Gott nichts anfangen können.

Viele Menschen reden wohl im Gebet zu Gott, aber sie lassen Gott in ihrem Leben nicht zu Wort kommen. Weder lesen sie die Bibel noch besuchen sie den Gottesdienst. Kann das Verhältnis eines Menschen zu Gott gesund sein, wenn der Mensch zwar im Gebet zu Gott spricht, aber Gottes Wort in seinem Leben keinen Raum gibt? Wie soll mein Glaube an Gott wachsen und gestärkt werden, wenn Gott meinen Glauben nicht durch sein Wort anregen kann?

c) Der Gottesdienst: ein besonderer Ort des Gesprächs zwischen Gott und uns Menschen

Der Sonntagsgottesdienst ist eigentlich nichts anderes ist als ein besonderer *Ort des Gesprächs zwischen Gott und uns Menschen.* Auch wenn die Gottesdienste in verschiedenen Kirchen und Gemeinden sehr unterschiedlich gefeiert werden, kehren bestimmte Bestandteile doch in allen Gottesdiensten wieder: Lieder - Gebete - Glaubensbekenntnis - Lesungen aus der Bibel - Predigt - Vaterunser - Segen. Diese Teile des Gottesdienstes lassen sich den beiden Grundpfeilern unseres Glaubens leicht zuordnen:

Gott spricht mit uns:	*Wir sprechen mit Gott:*
Lieder	Lieder
Lesungen aus der Bibel	Gebete
Predigt über Worte der Bibel	(Glaubensbekenntnis)
Segen	Vaterunser

Der Gottesdienst ist also ein Geschehen: ein Gespräch, das zwischen Gott und uns Menschen stattfindet. Wir haben *Gott* in der Gemeinschaft unserer Mitchristen etwas zu sagen: ihm zu danken, ihn zu bitten, ihn für andere zu bitten. Und Gott hat *uns* etwas für unser Leben in dieser Welt - auch für unser Glaubensleben - zu sagen. Das Wort „Gottes-dienst" hat also eine doppelte Bedeutung:

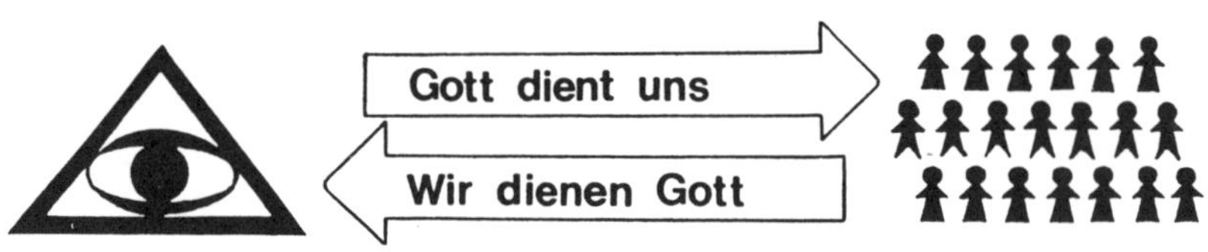

Wir dienen Gott: Wir stellen Gott etwas von unserer Zeit zur Verfügung. Wir öffnen uns Gott, indem wir mitsingen, mitbeten und uns auf das konzentrieren, was Gott uns sagen will. Und *Gott dient uns:* Er will uns im Gottesdienst hilfreiche Weisungen für unser Leben geben. Das geschieht insbesondere durch die Predigt über einen kleinen Abschnitt aus der Bibel, dem „Wort Gottes". Gott spricht zu uns Menschen nicht in besonderen privaten Offenbarungen, sondern er redet zu uns durch Menschen, durch „Diener des Wortes" (Lukas 1,2), die sein Wort auslegen. Wenn wir den Gottesdienst besuchen, dann sollten wir uns *vor der Predigt* stets die Frage stellen:

Was will Gott mir heute durch diese Predigt sagen?

Wenn wir eine Predigt mit dieser Frage „im Hinterkopf" hören, dann werden wir feststellen, daß uns das Zuhören leichter fällt, daß wir mehr von der Predigt haben, daß wir uns persönlich immer wieder von Gott angesprochen wissen. Wenn eine Predigt für uns auch nur *einen* tröstlichen oder klärenden Gedanken enthält, dann wird uns dieser Gedanke aufbauen und im Glauben wachsen lassen.

Manche Teile der Gottesdienstordnung kehren jeden Sonntag wieder, gewöhnlich auch in derselben Reihenfolge. Dennoch *gleicht kein Gottesdienst dem anderen!* Es sind jedesmal andere Lieder, die gesungen, und andere Gebete, die gesprochen werden. Jeder Gottesdienst enthält andere Schriftlesungen. Der Predigttext ist von Sonntag zu Sonntag ein anderer, und entsprechend beschäftigt sich die Predigt auch mit völlig unterschiedlichen Themen. Wenn wir im wiederkehrenden Rahmen des Gottesdienstes von Sonntag zu Sonntag die abwechselnde Vielfalt der einzelnen gottesdienstlichen Stücke entdekken, dann wird uns der Gottesdienstbesuch nicht mehr langweilen, sondern in vieler Hinsicht anregen. Der Gottesdienstbesuch lohnt sich. Denn Gott will uns durch den Gottesdienst helfen, mit unserem Leben zurechtzukommen.

»Ich hatte Ihnen doch versprochen, die neuen Gesangbuchlieder mal mit der Gitarre zu begleiten.«

2. Die Bibel: eine Bibliothek mit tausendjähriger Entstehungszeit

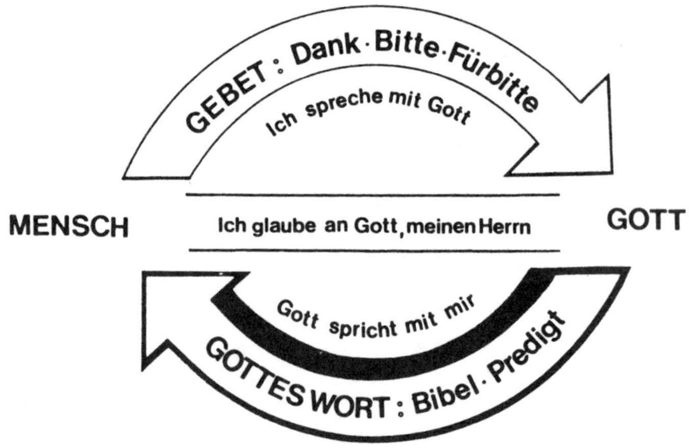

a) 1000 Jahre und ein Buch

Der Name „Bibel“ kommt vom griechischen „biblos“ und bedeutet „Buch“. Wenn wir die Bibel anschauen, bemerken wir, daß sie *sehr umfangreich* ist. Sie unterscheidet sich von anderen Büchern allerdings dadurch, daß sie *nicht von einem einzigen Verfasser* stammt. Der Schriftsteller Michael Ende z.B. schrieb ein dickes Buch: „Die unendliche Geschichte“. Die Bibel aber wurde von unzähligen Menschen verfaßt. Michael Ende hat an seinem Buch vielleicht fünf Jahre gearbeitet. Die Bibel aber ist in einem Zeitraum von über tausend Jahren entstanden. Die ältesten Stücke sind etwa um 1000 vor Christus [v. Chr.] aufgeschrieben worden, während die jüngsten zwischen 100 bis 130 nach Christus [n. Chr.] verfaßt wurden. Vieles von dem, was uns die Bibel berichtet, stammt aus sehr viel älterer Zeit als der, in der es aufgeschrieben wurde.

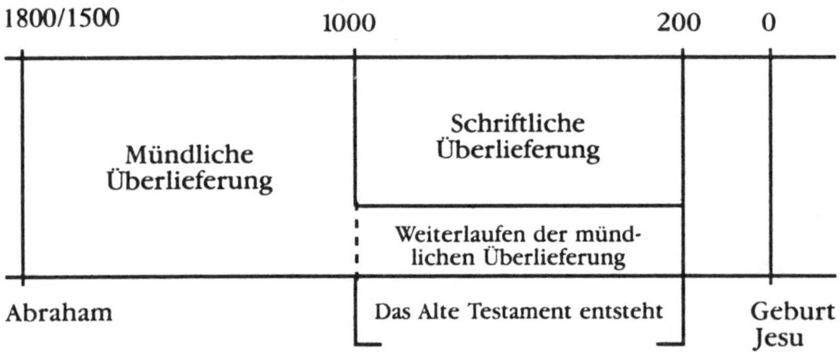

Ein alttestamentliches Beispiel: Abraham, von dem im 1.Mosebuch in den Kapiteln 12-25 [1. Mose 12-25] die Rede ist, lebte um 1800/1500 v. Chr. Die Erzählungen von Abraham wurden aber erst ab etwa 1000 v. Chr. aufgeschrieben. In der Zeit zwischen 1800/1500 und 1000 v. Chr. *erzählte* man sich die Geschichten von ihm immer wieder (mündliche Überlieferung).

Da die Menschen damals gewöhnlich nicht lesen und schreiben konnten, hatten sie - anders als wir - ausgeprägtere Fähigkeiten zuzuhören, im Gedächtnis zu behalten und wortwörtlich weiterzuerzählen. So wurden die Geschichten von Abraham über Jahrhunderte (fast) unverändert mündlich weitergegeben und in dieser Form ab 1000 v. Chr. aufgeschrieben. Daneben wurde aber weiterhin mündlich von Abraham erzählt, weil eben nur wenige lesen und schreiben konnten.

Ein neutestamentliches Beispiel: Bei der Abfassung der Evangelien, die von Jesus berichten, ist es nicht anders zugegangen als beim Alten Testament: Jesus wirkte etwa von 28/30 bis 30/32 n. Chr. Er unterwies seine Jünger mündlich. Nach seiner Kreuzigung und Auferstehung zogen die Jünger los und predigten über seine Worte und Taten, über seine Kreuzigung und Auferweckung durch Gott. Das geschah *mündlich.* Erst zu einem späteren Zeitpunkt sammelte man z.B. wichtige *Worte* Jesu und schrieb sie in einer (später so genannten) „*Reden*quelle“ auf.

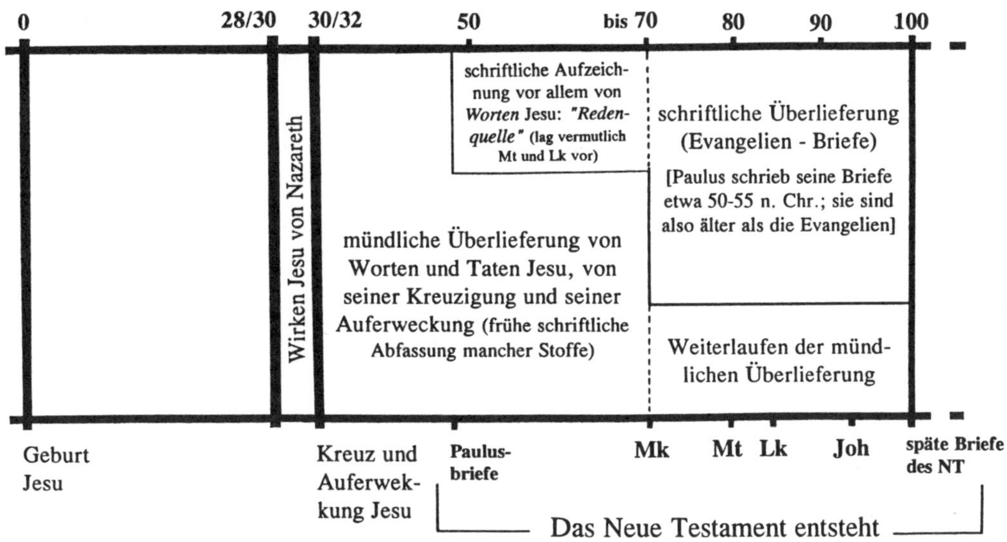

Zwischen 64 und 70 n. Chr. hielt *Markus* viele Geschichten mit Worten und Taten Jesu in seinem *Evangelienbuch* schriftlich fest, damit sie nicht verlorengingen. Zwischen Kreuzigung und Auferweckung Jesu und dem Markusevangelium liegt also ein Zeitraum von etwa 35-40 Jahren, in dem vor allem mündlich berichtet und gepredigt wurde. Nach Markus haben dann *Matthäus*, *Lukas* und *Johannes* in ihren Evangelien aufbewahrt, was ihnen an mündlichen und schriftlichen Berichten über Jesus vorlag. Der Apostel *Paulus* schrieb seine Briefe übrigens *vor* der Verfassung der Evangelien!

b) Die Bibel ist eine ganze Bibliothek

Die Bibel besteht aus zwei großen Teilen: dem Alten [AT] und dem Neuen Testament [NT]. Das AT ist ungefähr dreimal so umfangreich wie das NT:

In den über tausend Jahren schriftlicher Abfassungszeit der Bibel ist eine ganze *Bibliothek* entstanden. Das AT umfaßt 39 Bücher (vom 1. Buch Mose bis zum Propheten Maleachi). Das NT umfaßt 27 Bücher (vom Matthäusevangelium bis zur Offenbarung des Johannes).

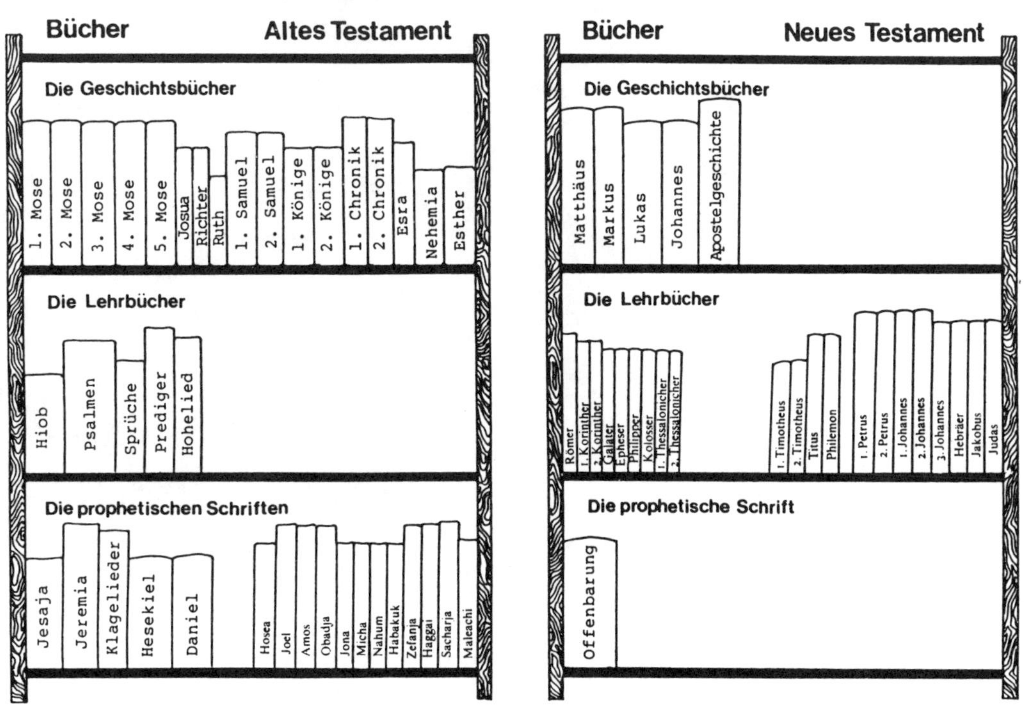

c) Wie wurde die Bibel aufgeschrieben?

Wir haben die Bibel als gedrucktes Werk vor uns liegen, auf Papier geschrieben und als Buch zusammengebunden. Doch die Papiererzeugung ist eine Erfindung des 8. Jahrhunderts n. Chr., während die Kunst des Buchdruckens erst im 15. Jahrhundert n. Chr. entwickelt wurde. Wie haben die Menschen zur Zeit der Abfassung der Bibel - also von 1000 v. Chr. bis 130 n. Chr. - geschrieben?

Kleinere Nachrichten wurden mit Griffel oder Tinte auf *Tonscherben* geschrieben, längere Nachrichten mit Tinte auf *Papyrus*. Papyrus wurde aus dem Stengel der im Nil (Ägypten) wachsenden Papyrusstaude hergestellt. Längere Briefe, Geschichten oder ganze Bücher schrieb man mit Tinte auf *Schriftrollen* aus *Pergament* (= gleichgroße, aneinandergenähte *Leder*stücke) oder aus zusammengefügten Papyrusblättern. Schreiben konnten nur Leute, die für die „Schreibkunst“ ausgebildet waren. Wer etwas zu schreiben hatte, ging zu einem *Schreiber* und diktierte ihm z.B. einen Brief.

נֵר-לְרַגְלִי דְבָרֶךָ
וְאוֹר לִנְתִיבָתִי

Das alte Volk Israel sprach und schrieb *Hebräisch*. Entsprechend ist das Alte Testament auf Hebräisch geschrieben. Die nebenstehenden Worte stammen aus Psalm 119,105: „Dein Wort ist meines Fußes Leuchte und ein Licht auf meinem Wege“.

In der jungen Kirche war *Griechisch* die Sprache, die die damalige Welt verband. Darum wurde das Neue Testament auf Griechisch geschrieben. Jesus sagt in Johannes 5,24: „Wahrlich, wahrlich, ich sage euch: Wer mein Wort hört und glaubt dem, der mich gesandt hat, der hat das ewige Leben“. In griechischer Sprache und Schrift sieht das so aus:

'Αμὴν ἀμὴν λέγω ὑμῖν ὅτι ὁ τὸν λόγον μου ἀκούων καὶ πιστεύων τῷ πέμψαντί με ἔχει ζωὴν αἰώνιον

Mergelklippe von Qumran am Toten Meer, in deren Höhlen 1947 wertvolle Handschriften aus der Zeit von 300 vor bis 70 nach Christus gefunden wurden.

3. Die Entstehung der Evangelien

a) Unterschiede und Gemeinsamkeiten zwischen den Evangelien

Jedem aufmerksamen Leser der vier Evangelien *Matthäus, Markus, Lukas* und *Johannes* fällt auf, daß sich die ersten drei Evangelien sehr ähneln, während das Johannesevangelium einen anderen Charakter hat. Die Evangelien des Matthäus, Markus und Lukas setzen sich wesentlich aus sehr vielen Einzelgeschichten und Sprüchen Jesu zusammen. Man erkennt das bereits beim Aufschlagen eines dieser Evangelien an den vielen Überschriften. Das Johannesevangelium enthält sehr viel breitere und ausführlichere Abschnitte, Geschichten und Reden Jesu.

Wer mit wachen Sinnen das Matthäus-, Markus- oder Lukasevangelium liest, der entdeckt, daß diese Evangelien viele Geschichten oder Worte Jesu gemeinsam haben. Wenn man den Wortlaut einer bei Matthäus, Markus und Lukas begegnenden Geschichte oder eines Jesuswortes dann genau miteinander vergleicht, bemerkt man, daß sie teilweise Wort für Wort übereinstimmen, teilweise aber auch Unterschiede aufweisen. Ein Beispiel: Matthäus 20,29-34, Markus 10,46-52 und Lukas 18,35-43 handeln von einer *Blindenheilung Jesu.* Neben vielen Übereinstimmungen sind es bei Matthäus z.B. zwei Blinde, bei Markus und Lukas nur einer, während allein Markus den Namen des Blinden (Bartimäus) mitteilt.

So unwichtig diese Einzelheiten auch für das Verständnis der Geschichte von der Blindenheilung sind - wichtig ist, daß Jesus Blinde geheilt hat - , so werfen solche Unterschiede doch Fragen auf: Wie kam es zu Übereinstimmungen und Unterschieden innerhalb derselben Geschichte? Wie ist das Verhältnis der ersten drei einander recht ähnlichen Evangelien zueinander näher zu bestimmen? Warum hebt sich das Johannesevangelium - schon rein äußerlich betrachtet - von den ersten drei Evangelien ab? Die wissenschaftliche Erforschung der Bibel hat in den letzten 150 Jahren versucht, auf diese Fragen zu antworten. Die Gemeinsamkeiten und Unterschiede hängen mit der *Entstehungsgeschichte der Evangelien* zusammen. Gegenwärtig sind bei uns und weltweit die folgenden Erklärungsversuche die verbreitetsten und anerkanntesten:

b) Die Entstehungsgeschichte der Evangelien des Matthäus, Markus und Lukas

Der Evangelist *Lukas* sagt gleich zu Beginn, wie sein Evangelium entstanden ist: „Viele haben es schon unternommen, Bericht zu geben von den Geschichten, die unter uns geschehen sind, wie uns das überliefert haben, die es von Anfang an selbst gesehen haben und Diener des Worts gewesen sind. So habe auch ich's für gut gehalten, nachdem ich alles von Anfang an sorgfältig erkundet habe, es für dich, hochgeehrter Theophilus, in guter Ordnung aufzuschreiben, damit du den sicheren Grund der Lehre erfahrest, in der du unterrichtet bist" (Lukas 1,14).

Lukas war also nicht der erste, der ein Evangelium verfaßte („Viele haben es schon unternommen ..."). Vor ihm war unter anderem schon der Evangelist Markus am Werk gewesen (siehe unten). Lukas unterscheidet zwischen den *Augenzeugen der Worte und Taten Jesu* - sie wurden die ersten „Diener des Worts" - und sich selber. Lukas hat, wie wir es heute sagen würden, „genau recherchiert" („nachdem ich alles von Anfang an sorgfältig erkundet habe"). Als eigenständiger „Diener des Worts" verfaßte dann Lukas seinen Bericht, um zu bezeugen, „was Jesus von Anfang an tat und lehrte" (Apostelgeschichte 1,1).

Aus diesen wenigen Angaben des Lukas erhalten wir also wichtige Hinweise über die Entstehung der Evangelien: Sie gehen zurück auf gläubige Augenzeugen (z.B. Lukas 24,36-48; Apostelgeschichte 5, 32), von denen einige „Diener des Worts" wurden, also anderen Menschen weiterverkündigten und erzählten, was sie gehört, erlebt und nach der Auferweckung Jesu verstanden hatten (Apostelgeschichte 2, 32; Matthäus 28,19-20). Später haben dann schriftgelehrte Christen wie Matthäus, Markus und Lukas diese Zeugnisse - z.B. Geschichten mit Taten und Worten Jesu - gesammelt und in ihren Evangelien zusammengestellt. Insgesamt kann man die Entstehung der ersten drei Evangelien noch viel genauer beschreiben. Im folgenden seien nur ein paar wichtige Hinweise gegeben:

Dem Evangelisten ***Markus*** lag bereits eine *Sammlung von Texten* vor, die von *Jesu Passion, Kreuzigung und Auferweckung* berichteten. Außerdem verfügte Markus über eine Reihe von *Geschichten*, die Worte und Taten aus der Zeit des öffentlichen Wirkens Jesu festhielten. Markus brachte sie in eine geographische und zeitliche Reihenfolge und setzte sie vor die Sammlung von Berichten über Jesu Leiden, Kreuzigung und Auferstehung. Auf diese Weise entstand das Markusevangelium, vermutlich in der Zeit vor 70 n. Chr. (70 n. Chr. zerstörten die Römer Jerusalem). Es gibt Dokumente aus späterer Zeit, denen zufolge das Markusevangelium in Rom entstanden sein soll. Doch das läßt sich vom Text des Evangeliums her nicht beweisen. Offensichtlich schrieb Markus sein Evangelium aber für Christen außerhalb Palästinas, weil er ihnen jüdische Gebräuche und Worte erläutern muß (z.B. Markus 7,3-4; 15,22.34).

Der Evangelist ***Matthäus*** machte sich etwas später daran, ein eigenes Evangelium zu schreiben. Auch er hat alte Quellen zur Verfügung, z.B. das *Markusevangelium*, dessen Text sich einigermaßen vollständig im Matthäusevangelium wiederfindet. Sodann benutzte Matthäus eine „*Redenquelle*", in der schon früh vor allem *Worte Jesu* schriftlich zusammengestellt waren, damit sie in ihrem ursprünglichen Wortlaut nicht verlorengingen. Weil Matthäus außerdem wesentlich mehr Jesusgeschichten als Markus kannte, fühlte er sich genötigt, ein neues Evangelium zu schreiben. Es ist doppelt so umfangreich wie das Markusevangelium. So hat Matthäus im Grunde ein stark erweitertes Markusevangelium verfaßt, und zwar wohl für Christen im syrischen Raum. In der Gemeinde, für die Matthäus schrieb, lebten viele gebürtige Juden, die Christen geworden waren. Sie waren mit dem Alten Testament vertraut. Ihnen bezeugt Matthäus mit seinem Evangelium, daß Jesus der von den Propheten im Alten Testament verheißene Messias ist. (z.B. Matthäus 1,1; 1, 21-23).

Der Evangelist ***Lukas*** verfaßte nicht nur das Lukasevangelium (Lukas 1, 1-4), sondern auch die Apostelgeschichte (Apostelgeschichte 1,1-2). Beide Werke des Lukas enthalten Hinweise, die eine zeitliche Abfassung dieser Schriften gegen 90 n. Chr. nahelegen. Wie Matthäus benutzte auch Lukas das *Markusevangelium* und die *Redenquelle*. Darüber hinaus kannte er eine Menge anderer Geschichten, die er in seinem Evangelium unterbrachte (z.B. das Gleichnis vom verlorenen Sohn, das nur bei ihm vorkommt). Lukas schreibt für Christen, die ursprünglich Heiden waren. Über den Entstehungsort des Lukasevangeliums und der Apostelgeschichte lassen sich vom Text beider Werke her keine näheren Angaben machen.

Die vermutliche Entstehungsgeschichte der ersten drei Evangelien läßt sich nach dem bisher Ausgeführten in einem Schaubild so darstellen:

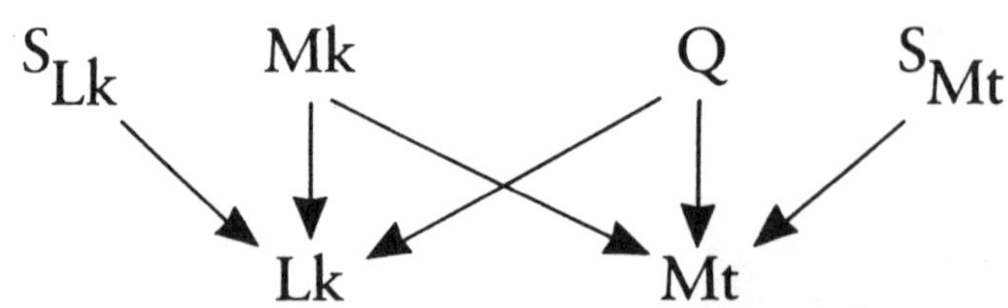

Das Schaubild bringt folgendes zum Ausdruck: Das Markusevangelium (Mk) und die Redenquelle (Q: Abkürzung von „Quelle") sind in die Evangelien des Matthäus (Mt) und Lukas (Lk) eingegangen. Sowohl Matthäus wie auch Lukas bringen über das Gemeinsame hinaus noch allerlei Stoff, der sich nur bei ihnen findet („Sondergut": S_{Lk} = Sondergut des Lukas, z.B. das Gleichnis vom barmherzigen Samariter - S_{Mt} = Sondergut des Matthäus, z.B. die Geschichte von den drei Weisen aus dem Morgenland).

c) Der Evangelist Johannes hebt die Bedeutung Jesu Christi für uns Menschen hervor

Der Evangelist ***Johannes*** schrieb sein Evangelium etwa zwischen 90 bis 100 n. Chr. Auch ihm lagen mündliche und schriftliche Überlieferungen von Jesu Worten und Taten vor. Vermutlich hat Johannes eines der ersten drei Evangelien - etwa vom gottesdienstlichen Gebrauch her - gekannt. Die ihm zur Verfügung stehenden Überlieferungen lassen eine gute Kenntnis des Landes und der Orte Palästinas erkennen. Stärker als Matthäus, Markus und Lukas hebt Johannes hervor, welche *Bedeutung* der von Gott auferweckte und zu ihm erhöhte Jesus für die Menschheit und die an ihn Glaubenden hat (z.B. Johannes 1,29; 3,16-18). Die einprägsamen „Ich-bin-Worte" Jesu des Johannesevangeliums bringen die Bedeutung Christi für uns Menschen wie auch sein gegenwärtiges Wirken sehr anschaulich zum Ausdruck:

Für euch bin ich „das Brot des Lebens" (Johannes 6,35); für euch bin ich „das Licht der Welt" (Johannes 8,12); für euch bin ich „die Tür", durch die ihr in Gottes Gemeinschaft tretet (Johannes 10,9); für euch bin ich „der gute Hirte" (Johannes 10,11); für euch bin ich „die Auferstehung und das Leben" (Johannes 11,25); für euch bin ich „der Weg, die Wahrheit und das Leben" (Johannes 14,6); für euch bin ich „der Weinstock, ihr seid die Reben" (Johannes 15,5).

Joh 6,35
Joh 8,12
Joh 10,9
Joh 10,11
Joh 11,25
Joh 14,6
Joh 15,5

Ich bin ...

Siebenmal sagt Jesus im Johannesevangelium „Ich bin ...". Alle im letzten Absatz enthaltenen „Ich-bin-Worte" Jesu sind in der Zeichnung enthalten. Entdecke sie. Darüber hinaus befindet sich mittendrin ein mit „Ich bin ..." beginnendes Wort Jesu aus dem 18. Kapitel des Johannesevangeliums. Wo steht es?

4. Wovon berichtet das Alte Testament?

Die Bibel besteht aus dem Alten und dem Neuen Testament. „Testament" heißt soviel wie „Bund". Das Alte Testament erzählt im wesentlichen von *Gottes Bund mit seinem Volk Israel*, während das Neue Testament von einem *neuen Bund Gottes mit allen Menschen* berichtet, den Jesus Christus zwischen Gott und uns Menschen vermittelt hat.

Die ersten Kapitel der Bibel sprechen von Gottes „guter" Schöpfung (1.Mose 1,31). *Gott* erschuf die Welt und die Menschen *(1.Mose 1-2)*. Mit gleichnishaften Geschichten wird danach dargestellt, was wir täglich in unserem Glaubensleben und in dieser Welt erfahren können: daß das Verhältnis von uns Menschen zu Gott nicht in Ordnung ist. Daß wir Menschen von Gott nichts wissen wollen. Daß wir Gott nicht sehen und nicht in seiner direkten Gemeinschaft leben können. Daß unser Leben von Problemen, Schwierigkeiten und Leiden geprägt ist. Daß es vergänglich ist durch den Tod (davon handelt besonders die Geschichte vom „Sündenfall" *1.Mose 3*).

Ohne Gott geraten einzelne Menschen gegeneinander in Unfrieden (Kain schlägt seinen Bruder Abel tot: *1.Mose 4*). Ohne Gott versuchen die Menschen, ihre menschliche Art zu verbessern (Geschichte von der „Sintflut" *1.Mose 6-8*). Es wird in diesen ersten Kapiteln der Bibel sodann dargestellt, wie sich die ganze Menschheit von Gott abwendet und von ihm unabhängig sein will (Geschichte vom „Turmbau zu Babel" *1.Mose 11*).

Die Bibel verkündigt aber, daß Gott dem heillosen Treiben der Menschen nicht tatenlos zuschaut. Gott will seine Menschenkinder aus Unfrieden und Gottesferne in seine Gemeinschaft zurückführen. Er ruft aus diesem Grunde ein Volk ins Leben, das der gesamten Menschheit den Glauben an ihn vermitteln soll: das *Volk Israel.*

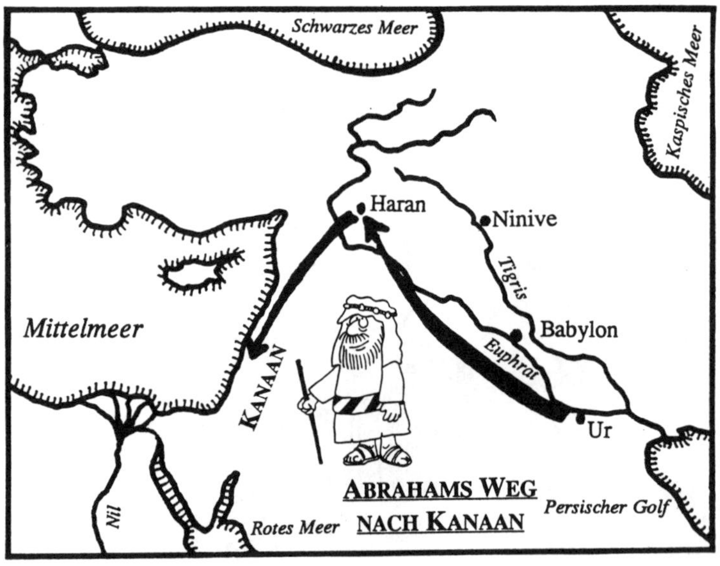

Die Geschichte dieses Volkes beginnt mit *Abraham*. Ihn beruft Gott zum Stammvater des Volkes Israel. So lesen wir direkt im Anschluß an die Turmbaugeschichte, die von der Auflehnung der gesamten Menschheit gegen Gott spricht, die folgende Begebenheit: „Und der Herr sprach zu Abraham: Geh aus deinem Vaterland und von deiner Verwandtschaft und aus deines Vaters Hause in ein Land, das ich dir zeigen will. Und ich will dich zum großen Volk machen und will dich segnen und dir einen großen Namen machen, und du sollst ein Segen sein. Ich will segnen, die dich segnen, und verfluchen, die dich verfluchen; und in dir sollen gesegnet werden alle Geschlechter auf Erden" *(1.Mose 12,1-3)*.

Abraham ist mit Sara verheiratet. Dem hochbetagten Ehepaar wird wunderbarerweise ein Sohn geboren: Isaak. *Isaaks* Kinder sind Jakob und Esau. *Jakob* hat 12 Söhne. Einer davon - *Josef* - gelangt nach Ägypten und wird am Hofe des Pharaos ein einflußreicher Mann. Er holt seine Brüder und seinen Vater Jakob nach Ägypten, als eine Hungersnot ihr Leben bedroht, und siedelt sie in der Landschaft Goschen an (über dieses alles berichtet das *1.Mosebuch ab Kapitel 12*).

Mehrere hundert Jahre vergehen. In dieser Zeit entwickeln sich die Israeliten nach Gottes Verheißung (1.Mose 12,1-3) zu einem zahlenmäßig schon beachtlichen Volk, vor dem die Ägypter Angst bekommen. Sie machen die Israeliten zu Sklaven. Durch *Mose* befreit Gott sein Volk Israel aus dem „Sklavenhaus" Ägypten.

Durch Mose führt Gott sein Volk lange Jahre durch die Wüste. Am *Berg Sinai* schließt Gott mit Israel einen Bund (das „Alte Testament"): Er verspricht, sich um sein Volk zu kümmern, es zu segnen und ihm ein eigenes Land zu geben. Israel soll Gott allein dienen und keine anderen Götter neben ihm haben (Gabe der 10 Gebote). Diese Erfahrungen Israels mit seinem Gott in Ägypten und in der Wüstenzeit sind im *2. bis 5.Mosebuch* niedergeschrieben.

Gott schenkt seinem Volk Israel dann das *Land Kanaan* als Wohngebiet und erfüllt damit einen weiteren Teil des einst Abraham gegebenen Versprechens (1.Mose 12,1-3). Israel erobert nach und nach das Land Kanaan *(Buch Josua)*. Allerdings hat Israel zunächst große Schwierigkeiten, sich gegen andere, stärkere Völker zu behaupten *(Richterbuch)*. Doch entwickelt sich das kleine Volk Israel allmählich zu einer starken Nation mit einem König an seiner Spitze *(1.Samuelbuch)*. Seine Blütezeit erlangt das Volk Israel unter *König David*, der ein israelitisches Großreich errichtet *(2.Samuelbuch/1.Königebuch)*.

Als Gott Abraham berief und ihn zum Stammvater seines Volkes machte, hatte er dabei ein großes Ziel: Israel sollte aller Welt den Glauben an seinen - den alleinigen und wahren Gott - bringen. Alle Menschen sollten durch Gottes „Zeugen" Israel in den Segen der Gemeinschaft mit Gott zurückfinden (1.Mose 12,3; 5.Mose 4,1.6-8; Jesaja 44,8; Jeremia 2,1-2). Das Schaubild [⇩] versucht, die weltweite Bedeutung Abrahams/Israels anschaulich zu machen:

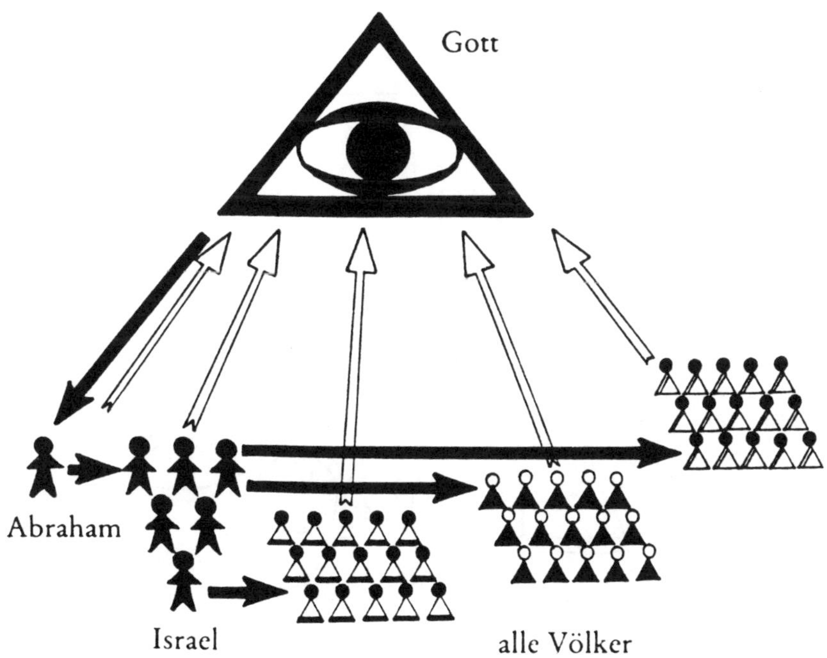

Die *Pfeile* drücken eine Bewegung von Personen zu Personen (oder Gruppen) aus. Konkret meint das hier: Pfeil von Gott zu Abraham: Gott beruft Abraham; Pfeil von Abraham zu Gott: Abraham antwortet Gott mit Glaubensgehorsam; Pfeil von Abraham zu Israel: Abraham soll der Vater eines großen Volkes werden, zum Segen für die Welt; Pfeil von Israel zu Gott: Israel soll ein Gott gehorsames Leben führen; Pfeile von Israel zu den Völkern: Israel soll seinen Glauben an den wahren Gott allen Völkern bezeugen; Pfeile von den Völkern zu Gott: alle Völker sollen dadurch gesegnet werden und in eine Glaubensbeziehung zu Gott gelangen.

Allerdings kam Israel dem Auftrag nicht nach, Gottes Bundesvolk und Zeuge vor den Völkern zu sein. Im Lande Kanaan fielen große Teile der Israeliten einschließlich ihrer Könige vom Glauben an Gott ab. Sie dienten dem Gott Baal (sprich: Ba-al), an den die kanaanäische Bevölkerung glaubte. Gott sandte besondere Menschen unter sein Volk, die Israel in seine Gemeinschaft zurückrufen sollten: die *Propheten.* Aber Israel hörte nicht auf sie. Da ließ Gott die Großmächte Assyrien und später die Babylonier ins Land Kanaan einfallen und das Volk Israel zerschlagen. Seine Hauptstadt Jerusalem wurde zerstört. Ein großer Teil der israelitischen Bevölkerung wurde in die *Verbannung nach Babylon* geführt ("babylonisches Exil"). Über diese Ereignisse berichten das *2.Königebuch* sowie die *Prophetenbücher Jesaja, Jeremia, Hesekiel, Amos, Hosea und andere.*

Später durften die nach Babylon verbannten Israeliten durch einen Erlaß des *Perserkönigs Kyros,* der inzwischen ein persisches Großreich ins Leben gerufen hatte, wieder in ihr Land zurückkehren und Jerusalem mit seinem Tempel wieder aufbauen *(Bücher Esra und Nehemia; Prophetenbücher Haggai und Sacharja).* Aber als Nation spielte Israel von da an keine nennenswerte Rolle mehr. Es war - von kurzzeitigen Ausnahmen abgesehen - ein Volk, das unter *persischer,* dann *griechischer* (Alexander der Große errichtete ein griechisches Weltreich) und schließlich unter *römischer Vorherrschaft* (z.B. Kaiser Augustus) stand.

Die Propheten hatten den Israeliten erklärt, daß sie wegen ihres dauernden Abfalls von Gott zerschlagen worden seien. War damit das Volk Israel am Ende? Hatte Gott seine Absicht, alle Menschen durch dieses Volk in seine Gemeinschaft zurückzuführen, aufgegeben? Nein! Die Propheten hatten im Auftrag Gottes auch einen „neuen Bund" (ein „neues Testament") angekündigt: Einst wird Gott einen Neuanfang machen durch den *„Messias"* (hebräisches Wort für den König Israels, der beim feierlichen Krönungsakt mit feinem Öl gesalbt wurde; „Messias" heißt auf deutsch „Gesalbter", auf griechisch „Christos", auf lateinisch „Christus"). Durch den Messias wird Gott sein Volk Israel und alle Menschen in seine Gemeinschaft rufen. Davon ist dann im Neuen Testament die Rede.

Ein Volk auf der Flucht

Über 40 Jahre zieht das Volk Israel durch die Wüste. Gleich vier der fünf Bücher Mose berichten davon. Ihr Weg war nicht immer gradlinig. Oft werden sich auch einzelne Gruppen verloren haben. Welche der hier gezeigten Gruppen gehören zusammen, welche bleiben allein auf ihrem Weg?

5. Wovon berichtet das Neue Testament?

Die vier *Evangelien nach Matthäus, Markus, Lukas und Johannes* sprechen vom „neuen Bund“ Gottes mit seinen Menschenkindern. Er beginnt damit, daß Gott Jesus Christus zu uns Menschen sendet. Jesus von Nazareth war ein Angehöriger des Volkes Israel. Er stammte aus der Nachkommenschaft des Königs David. Jesus umgab sich mit *12* Jüngern. Diese Zahl erinnert an die 12 Stämme des Volkes Israel. Was Jesus von Gott zu sagen hatte, das galt also *ganz Israel* - und darüber hinaus *allen Menschen*. Von Jesu Worten und Taten, von seiner Kreuzigung und Auferweckung durch Gott handeln die Evangelien. Darin besteht der neue Bund, daß Jesus - anders als wir übrigen Menschen - genau so gelebt hat, wie es Gottes Willen entsprach.

Er lebte nach den 10 Geboten. Er wollte nie etwas anderes, als Gott es wollte. Denn er wußte und vertraute darauf, daß Gottes Wille das Beste für uns Menschen ist, auch wenn er uns manchmal sehr fremd und unverständlich erscheint. Darum lehrte Jesus seine Jünger im „Vaterunser“ die Bitte: „Dein Wille geschehe“. Jesus wollte nie ohne Gott leben. Es gab nichts in seinem Leben - keinen Freund, keine Freundin, keine Arbeit, keine noch so schöne Freizeitbeschäftigung - , das ihm wichtiger als Gott wurde. Er zweifelte nie an dem Gott, den er doch genausowenig sehen konnte wie wir. Er mißtraute ihm nie, auch dann nicht, als Gott so Schweres von ihm verlangte wie die Aufgabe des eigenen Lebens (Leiden/Kreuzigung).

Jesus wollte nicht unabhängig von Gott sein, sondern sein Leben mit Gott verbringen, bis in die Stunde seines Sterbens hinein. Weil er Gott vollkommen glaubte, weil er ihm vollkommen gehorsam war, darum hat Gott ihn nach seiner Kreuzigung von den Toten auferweckt. Weil *ein Mensch Gott vollkommen gehorsam* war, darum wurde er der *Mittler eines neuen Bundes zwischen Gott und uns Menschen. Einmal* hat ein Mensch so gelebt, wie sich Gott das Menschsein gedacht hat. Um dieses Einen willen vergibt Gott nun uns allen, wenn wir ihm nicht genügend Beachtung schenken. Dieser Eine - Jesus Christus - war Gott *stellvertretend für uns* gehorsam. Darum können die Evangelien immer wieder predigen, daß Gott uns Menschen liebt, daß er unsere Nähe sucht, ja daß wir zu Gott kommen können, weil ja Jesus stellvertretend für uns Gott gehorsam war und uns so den Weg zu Gott freigemacht hat.

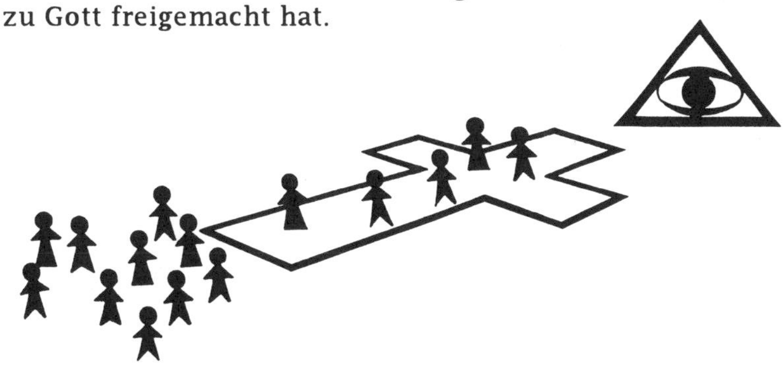

Nach seiner Auferweckung durch Gott wirkt der lebendige Christus in seinen Jüngern und in den an ihn Glaubenden durch den Einfluß des Heiligen Geistes. Missionare und Apostel ziehen los und verkündigen die gute Nachricht vom neuen Bund Gottes mit seinen Menschenkindern in aller Welt. Als herausragender Missionar wirkt der Apostel Paulus. Die *Kirche*, die Gemeinschaft der Glaubenden entsteht. Über das Handeln des auferweckten Christus in seiner Kirche berichtet die *Apostelgeschichte*. Wenn Menschen weltweit durch die Verkündigung des Evangeliums zum Glauben an Jesus Christus und Gott finden, werden sie Glieder der Kirche Jesu Christi. In der Gemeinde der Christen leben sie dann ihr Leben in Gottes Gemeinschaft.

Im Neuen Testament werden eine große Anzahl von *Briefen* aufbewahrt, die urchristliche Missionare und Apostel an ihre Gemeinden schrieben, wenn sie längere Zeit nicht bei ihnen sein konnten. Die *Briefe des Apostels Paulus* zählen zu den wichtigsten Schriften des Neuen Testaments. Paulus nimmt in seinen Briefen zu verschiedenen Fragen Stellung, die sich für die jungen Christen - ehemalige Heiden! - aus ihrem Leben in einer heidnischen Umwelt ergeben. Die Briefe erhielten ihre Namen häufig nach den Orten, an die sie geschickt wurden: an die Christen in Rom schrieb Paulus den *Römerbrief*, an die in Korinth den *1. und 2.Korintherbrief*, an die Christen in Thessaloniki und die in Philippi sandte er den *1.Thessalonicherbrief* und den *Philipperbrief*.

Am Schluß des Neuen Testaments finden wir eine prophetische Schrift: die *Offenbarung des Johannes*. Sie spricht davon, daß einst Gottes Ziel mit seinen Menschenkindern Wirklichkeit werden wird: das Reich Gottes wird vollendet („dein Reich komme“), und die Menschen, die durch Christus in diesem irdischen Leben zu einem lebendigen Glauben an Gott gefunden haben, sie werden in Gottes direkter Gemeinschaft leben. Sie werden nicht mehr an Gott glauben, sondern wissen, ihn sehen, nicht mehr an ihm zweifeln. Leiden, Krankheit, Tod und Vergänglichkeit wird es dann nicht mehr geben. Das ewige Leben in der Gemeinschaft Christi und Gottes wird voller Freude und Frieden sein. Johannes deutet das alles nur an. Er beschreibt dieses „ewige Leben“ nicht näher, weil kein Mensch im einzelnen wissen kann, wie es sein wird.

Herr Streusel in Nöten

Herr Streusel, der eine Sammlung der Briefe des Apostels Paulus zusammenstellen möchte, ist ratlos: Auf seinen Tisch sind drei Briefe geraten, die nie und nimmer von Paulus sind und die nicht einmal in der Bibel stehen.

6. Gott spricht zu uns Menschen durch die Bibel

a) Wozu wurde die Bibel aufgeschrieben?

Psalm 78,3-7: „Was wir gehört haben und wissen und unsre Väter uns erzählt haben, das wollen wir nicht verschweigen ihren Kindern; wir verkünden dem kommenden Geschlecht den Ruhm des HERRN und seine Macht und seine Wunder, die er getan hat. Er richtete ein Zeugnis auf in Jakob und gab ein Gesetz in Israel und gebot unsern Vätern, es ihre Kinder zu lehren, damit es die Nachkommen lernten, die Kinder, die noch geboren würden; die sollten aufstehen und es auch ihren Kindern verkündigen, daß sie setzten auf Gott ihre Hoffnung und nicht vergäßen die Taten Gottes, sondern seine Gebote hielten."

Aus diesen Psalmversen geht klar hervor, wozu die Bibel aufgeschrieben wurde: Alles, was Menschen mit Gott erfahren haben - seine Taten, seine Wunder, sein Bund mit Israel, sein neuer Bund mit allen Menschen durch die Vermittlung Jesu Christi - alles das sollte nicht in Vergessenheit geraten. Darum wurde es aufgeschrieben. So haben Eltern etwas in der Hand, um es ihren Kindern zu erzählen. So haben diese Kinder - selber Eltern geworden - etwas Verläßliches in Händen, das sie wieder ihren Kindern weitergeben können. So gibt eine Generation den „Staffelstab des Glaubens" mit Hilfe der Bibel an die nächste Generation weiter. So lernen Menschen jeder Zeitepoche, auf Gott zu vertrauen. So vergißt niemand Gottes Handeln und Jesu Wirken. So hat jedermann die Möglichkeit, sein Leben nach Gottes Geboten einzurichten, wie er es aus dem Alten Testament und von Christus gelernt hat.

Gott spricht nicht direkt mit uns Menschen, sondern er spricht zu uns durch solche Menschen, die etwas mit ihm und mit Christus erlebt haben. Ihre Erfahrungen sind in die einzelnen Schriften der Bibel eingegangen. Wenn *wir* die Bibel aufmerksam lesen und auf ihre Worte hören, dann werden wir angeregt, ähnliche und auch eigene Erfahrungen mit Gott zu machen. Durch das *Lesen der Bibel* (das ist am Anfang etwas schwierig, wenn einem niemand etwas erklärt!) oder durch das *Hören auf die Predigt über Worte der Bibel* oder durch die *Beschäftigung mit den Inhalten der Bibel z.B. im Konfirmandenunterricht* gewinnen wir Glauben an Gott, Vertrauen auf Gott. So führt Gott uns heute in seine Gemeinschaft, indem er durch das Wort der Bibel zu uns spricht. Wir nennen die Bibel darum das *„Wort Gottes"*.

b) Die Bibel - Gottes weltweites Wort an alle Menschen

Wir hörten bereits, daß es Gottes Absicht ist, alle Menschen in seine Gemeinschaft zu rufen. Am Ende des Matthäusevangeliums wird dieses Ziel Gottes sehr deutlich von Christus ausgesprochen. Da sendet der auferweckte Jesus seine Jünger zu allen Völkern der Welt mit dem Auftrag, sie durch das Evangelium und die Taufe in Gottes Gemeinschaft zu bringen (Matthäus 28,18-20).

Nun sprechen die unterschiedlichen Völker dieser Erde ganz verschiedene Sprachen. Damit sie Gottes Wort aber auch verstehen können, ist die Bibel in eine Vielzahl von Sprachen übersetzt werden. Bis zum heutigen Tag gibt es über 2000 verschiedene Bibelübersetzungen. Unter anderem wurde die Bibel auch in die Blindenschrift übertragen. Um die Bibel in eine andere Sprache zu übersetzen, braucht man viel Geld. Bibelgesellschaften, Kirchensteuern sowie freiwillige Spenden von Gemeinden und einzelnen Christen fangen die anfallenden Kosten auf. Ein Beispiel: Ungefähr 50 DM kostet die Über-

> 1 ጉያ ጇልቀበ ቶርበኒት ፣ ጋፈ ሰንበተ ጉዳ ኦቦርስ ፣ ዱበርቶን ሱን ኡርጎፍቴ ድበታ እሰ ቆጲሰኒ ቴረን፣ፉደተኒ ገረ ኦዋልቻ ደቀን*። 2 ደግቾ ኦዋልቾ እቴን ጩፈኒ ቴረንሰ ፣ ገረገልፈሜ ኦርገተን ፤ 3 ኦዋልቾ ኬሰ ዮሙ ልጠን ገሩ ፣ ሬፈ ጎፍታ ዩሱስ ሆንኣርገኔ ። 4 ዋኤ ከና ዋን ጇደን ወላለኒ ኡቴ ጅረኒ፣ ኩና ድጎገተ ነሞን ለመ ወያ ጩጩለቅሳ ኡፈተኒ እሳን ቡኬ ዳበተን*። 5 ዱበርቶንሰ ባይኤ ሶዳተኒ ለፈ እላለን ፤ ነሞን ሱንሞ፣ «እሰ ጅራታ ማሊፍ ወረ ዱአን ኬሰ በርባዱ* ?

setzung eines einzigen Bibelverses ins „Oromo“ (eine Sprache in Äthiopien) bis hin zur Erstellung der Druckvorlage. Der oben abgedruckte Text aus einer Oromo-Bibel gibt Lukas 24,1-5 wieder.

Anders als mancherorts bei uns in der Bundesrepublik üblich, lesen viele Menschen in dieser Welt begierig in der Bibel. Doch keineswegs alle Menschen besitzen dieses Buch. Entweder können sie sich keine Bibel leisten, oder es gibt in ihrem Bereich keine Bibeln zu kaufen. Da nur wenige Oromos eine Bibel besitzen, gehen sie damit sehr sorgsam um. Sie bringen die Bibel z.B. in den Gottesdienst mit, lesen die Epistel, das Evangelium und den Predigttext mit und haben auf diese Weise mehr vom „Wort Gottes“ im Gottesdienst. Denn bei der Predigt können sie den Wortlaut des Predigttextes immer wieder betrachten (das können wir übrigens genauso machen!).

Viele allerdings erhalten die Heilige Schrift als nützliches Geschenk . . .

. . . und nehmen sie zu festlichen Anlässen zur Hand.

c) Gott spricht zu uns durch die Bibel – insbesondere durch das, was sein Sohn Jesus Christus uns gesagt hat

Auf vielfältige Weise hat Gott durch die Jahrhunderte und Jahrtausende zu uns Menschen gesprochen: durch die Erfahrungen, die *Abraham* oder etwa das *Volk Israel* mit Gott gemacht haben; durch das Wort der *Propheten*, die Gott zu den Israeliten gesandt hat. In besonderer Weise redet Gott zu uns Menschen durch die Worte und Taten *Jesu Christi*, seines Sohnes. Er ist deswegen der „Sohn Gottes“, weil der Sohn dem Vater am nächsten steht. Jesus stand Gott, seinem himmlischen Vater, näher als wir Menschen alle. Durch Jesus hat Gott uns wissen lassen, daß er uns Menschen liebt, daß er aller Menschen Gott sein will, ja, daß er sich freut, wenn auch nur *ein* Mensch in seine Gemeinschaft findet.

Wenn Jesus in seinen Erdentagen von dem Gott predigte, der uns Menschen liebhat, dann wollte er mit dieser Botschaft uns Menschen die Angst vor dem verborgenen Gott nehmen. Er wollte, daß wir Vertrauen zu Gott fassen und freiwillig und gerne an ihn glauben. Aus diesem Grunde erzählte er häufig auch *Gleichnisse*: das sind Vergleichsgeschichten. In ihnen stellt er mit einem Vergleich aus dem Bereich des normalen Lebens dar, wie Gott uns Menschen gegenüber eingestellt ist und handelt. Solche Vergleiche konnte jedermann sofort verstehen. Und darauf kam es Jesus an. Betrachten wir als *ein* Beispiel das ***Gleichnis vom verlorenen Schaf (Lukas 15,1-7)***.

Um dieses Gleichnis besser zu verstehen, muß man wissen, was in der Bibel ein Sünder ist: *Ein Sünder ist nach der Bibel ein Mensch, der sein Leben nicht in der Gemeinschaft Gottes lebt.* Er verhält sich vielleicht so, weil es in seiner Familie oder in seinem Bekanntenkreis üblich ist. Vielleicht hat er auch nie richtig gehört oder verstanden, daß Gott ihn liebt. Darum bleibt Gott ihm fremd. Entsprechend lebt ein Sünder getrennt, fern von Gott. Er kümmert sich nicht weiter um ihn. Er hat kein Interesse an Gott, an seinem Wort, am Gottesdienst und am Gebet. Er hat kein Gefühl dafür, daß die Gemeinschaft mit Gott für seine Lebensführung hilfreich ist. Manche bestreiten, daß es Gott gibt. Manche wollen von Gott auch nichts wissen. Sie nehmen sich für Gott keine Zeit. Andere Dinge (z.B. Besitz, Arbeit, Hobbys) sind ihnen wichtiger. *Sünde ist also ein Leben ohne Gott, die Interesselosigkeit an Gott, der Unglaube, ja geradezu die Feindschaft des Menschen gegen Gott (Römer 8,7).*

Im *Gleichnis vom verlorenen Schaf* nimmt Jesus die Erfahrung, daß ein Hirte sein verlorengegangenes Schaf sorgfältig suchen wird, zum Anlaß, *uns* etwas über Gottes Verhalten seinen Menschenkindern gegenüber zu sagen: Gott ist der Hirte, der den Sünder - das Schaf - sucht, das sich von ihm getrennt hat. Gott freut sich, wenn ein Mensch in seine Gemeinschaft zurückkommt. Gott geht uns nach, er sucht uns, er ruft nach uns, wie der Hirte ein Schaf sucht, das sich verirrt hat.

Gott hat seinen Sohn Jesus Christus zu uns Menschen gesandt. Durch ihn sucht er unsere Nähe, durch ihn ruft er uns in seine Gemeinschaft. Das Neue Testament nennt Jesus darum auch den „guten Hirten“ (Johannes 10,11). Heute ruft dieser „gute Hirte“ uns durch *die* Menschen in Gottes Gemeinschaft, die uns von Gott und Christus erzählen. Die Herde, in die das verlorengegangene und wiedergefundene Schaf dann eingegliedert wird, ist nichts anderes als die Gemeinschaft der Christen, die Kirche, die Gemeinde. Das Zusammensein in der Herde, also die Gemeinschaft mit unseren Mitchristen, soll uns davor bewahren, Gott wieder aus den Augen zu verlieren, das heißt verlorenzugehen. Durch das Gebet und den Gottesdienst zusammen mit meinen Mitchristen halte ich den Kontakt mit Gott aufrecht - und Gott mit mir.

Hirte in Israel

7. Wir besprechen unser Leben mit Gott im Gebet

a) Wir pflegen das Gespräch mit Gott

Wir haben bereits darüber nachgedacht, daß Menschen kein gutes Verhältnis miteinander haben können, ohne daß sie miteinander reden. Entsprechend können wir Menschen auch kein gutes Verhältnis zu Gott haben, ohne daß zwischen Gott und uns ein ständiges Gespräch stattfindet.

Unsere Gebete wenden sich an den *allwissenden Gott*, der unsere Bitten und Anliegen kennt, bevor wir sie vor ihm aussprechen. So wie es Jesus sagt: „Euer (himmlischer) Vater weiß, was ihr bedürft, bevor ihr ihn bittet" (Matthäus 6,8). Dennoch hat Jesus nicht darauf verzichtet, immer wieder selber zu Gott zu beten. Und er hat auch seine Jünger - uns Christen - das Beten gelehrt. Eben deswegen, weil das Gebet *die* Möglichkeit darstellt, wie wir Menschen *von uns aus* Kontakt mit Gott halten können. Gebet ist Vertrauenssache. Wir vertrauen Gott von uns aus an, was uns bedrückt oder was uns Freude macht.

b) Wir sprechen mit Gott, unserem himmlischen Vater

Jesus hatte 12 Jünger erwählt, mit denen er durch das jüdische Land zog. Diese Jünger - gebürtige Juden - waren es von ihrer Erziehung her gewohnt, Gott mit großem Respekt zu begegnen. Er war ja der Schöpfer des Weltalls und der Erde, der allmächtige Herr der Welt und der Menschen, vor dem sich jedermann zu verantworten hatte. Wenn die Jünger beteten, taten sie es in ehrfürchtiger Scheu: „Allmächtiger Gott und Herr".

Als die Jünger einige Zeit mit Jesus durch das Land gezogen waren, entdeckten sie, daß er ein *viel engeres Verhältnis zu Gott* hatte als sie selbst. Jesus predigte nicht nur, daß der allmächtige Schöpfer uns Menschen liebt wie ein Vater seine Kinder, sondern er verhielt sich selber Gott gegenüber so, wie sich ein Sohn seinem Vater gegenüber verhält, der mit ihm in vertrauensvollem Einvernehmen lebt. In seinen Gebeten wandte sich Jesus stets an Gott mit der vertraulichen Anrede „Abba, mein Vater" (Markus 14,36). Eine sehr enge, unverkrampfte und persönliche Beziehung zu Gott kennzeichnete Jesu Gebete. In den Jüngern kam der Wunsch auf, in ein ähnlich vertrauensvolles Verhältnis zu Gott hineinzuwachsen, wie Jesus es ihnen vorlebte.

Davon berichtet Lukas 11,1: Eines Tages betete Jesus. Die Jünger bekamen das mit. Da bat ihn einer der Jünger: „Herr, lehre uns beten". Jesus lehrte seine Jünger daraufhin das Gebet, das wir das *„Vaterunser"* nennen (Lukas 11,2-4). Die Jünger - und auch wir - dürfen zu Gott dem Herrn ein so vertrautes Verhältnis haben wie Jesus selbst. Wir dürfen im Gebet mit Gott sprechen, wie ein Kind mit seinem Vater spricht, zu dem es Vertrauen hat. Wir dürfen Gott alles sagen, was wir auf dem Herzen haben.

c) Wir können Gott alles sagen

Gemeinsam beten wir das „Vaterunser“, etwa im Gottesdienst. Sehr unterschiedlich können unsere persönlichen Gebete aussehen. Das Gebet eines Kindes, dessen Mutter im Krankenhaus liegt, wird ganz anders lauten als das eines Mannes, der gerade Vater geworden ist. Das Gebet eines Menschen im Urlaub wird sich erheblich von dem eines Firmenchefs unterscheiden, der die wirtschaftliche Entwicklung seines Unternehmens mit Sorgen betrachtet.

Im folgenden finden wir das *Gebet einer Mutter im Alltag.* Sie hat gerade eine Auseinandersetzung mit ihrem Sohn Michael gehabt. Dabei hat sie ihn angeschrien. Ihren Kummer über ihr nervöses Verhalten spricht sie im Gebet vor Gott aus. Im Gebet wird sie sich über ihre Probleme klarer. Ihr Ärger über Michaels Verhalten verfliegt dabei. Dieses Gebet zeigt uns, daß *das Beten selber* bereits eine Hilfe Gottes für unser Leben darstellt. Durch das Gebet werden wir ruhiger und besonnener:

„Vater, ich danke dir, daß du Zeit für mich hast. Jetzt muß ich mit dir reden!

Ich bin heute einfach am Boden zerstört. Ich komme nicht zurecht mit den Kindern. Ich war gereizt und habe sie wieder angeschrien. Ohne meinen Mann fühle ich mich überlastet. Schenke mir, was ich brauche: Liebe, Geduld, Humor!

Vater, wenn ich es recht bedenke: meine innere Unruhe und meine schnellen Fehlreaktionen kommen eigentlich auch nicht von den Kindern allein oder von der vielen Arbeit. Das wäre schon zu bewältigen. Wenn ich nur nicht so viel an meinen Beruf denken müßte, den ich der Kinder wegen aufgegeben habe. Er fehlt mir. Als Hausfrau fühle ich mich eingesperrt in lauter Pflichten, von denen die Menschen nur dann etwas merken, wenn ich sie nicht erfülle.

Ach, eigentlich war der Michael vorhin doch wonnig in seinem Zorn – und noch wonniger ist er, wie er mich jetzt anschaut. Gleich wird er kommen und sagen: „Wollen wir uns wieder vertragen?“ Morgen wird es wieder dasselbe sein. Aber vielleicht regnet es morgen nicht – vielleicht habe ich morgen besser geschlafen – vielleicht hat mein Mann mir morgen mehr gute Worte gesagt.

Du hast gesagt: „Ich will dich segnen, und du sollst ein Segen sein.“ Ich möchte ein Segen sein. Segne mich, Vater. Amen.“

d) Erhört Gott alle Gebete?

Gott *hört* wohl alle Gebete, aber er *erhört* nicht alle Gebete. Gott ist nicht der Erfüllungsgehilfe meiner Wünsche. Manchmal erfüllt Gott mir einen Wunsch vielleicht deswegen nicht, weil die Verwirklichung dieses Wunsches nicht gut für mich wäre. Jeder Mensch, der das Gespräch mit Gott pflegt und betet, bespricht mit ihm seine kleinen oder großen Anliegen, die er auf dem Herzen hat. In einer Stadt beten an demselben Abend zwei Menschen:

Junge:	*Alte Dame:*
„Lieber Gott, ich habe einen schönen Schlitten zu Weihnachten geschenkt bekommen und kann ihn nicht benutzen. Laß es doch bitte die ganze Nacht über schneien, damit ich wenigstens morgen an meinem letzten Ferientag Schlitten fahren kann. Amen.“	„Herr, ich danke dir, daß ich jeden Tag aus dem Hause kann, weil noch kein Schnee auf den Straßen liegt. Nun ist mein Bruder krank geworden. Er braucht meine Hilfe. Morgen möchte ich ihn besuchen. Bewahre uns doch vor Schneefall, daß ich ohne Sorgen zu ihm gehen kann. Amen.“

Das Beispiel zeigt, daß Gott entweder das Gebet des Jungen oder das Gebet der alten Dame erhören kann. Auf beide Gebete wird Gott aber hören, das heißt, er wird für sie Verständnis haben. Wie Gott dann beiden Betern „antwortet“, das ist seine Sache. Darüber sollten wir Menschen uns nicht den Kopf zerbrechen.

e) Beten kommt von bitten, nicht von fordern

Wie Kinder ihre Eltern um etwas bitten, so bitten wir Gott um das, was wir auf dem Herzen haben. Dabei kommt es aber auf die *Haltung* an, in der eine Bitte vorgebracht wird. *Bitten heißt nicht fordern!*

Beispiel A: Ein Kind sieht in einem Kaufhaus ein Fahrrad. Es möchte das Fahrrad haben. „Mama, kaufst du mir das Fahrrad?“ Diese Bitte läßt der Mutter die Freiheit, ja oder nein zu sagen. Sie sagt vielleicht: „Nein, wir haben im Moment nicht genug Geld“ - oder: „Nein, mein Kind, du bist noch zu klein zum Fahrradfahren“ - oder: „Ja, du hast ja bald Geburtstag.“ Wenn das Kind der Mutter die Freiheit läßt, ja oder nein zu sagen, wird es sich mit der Entscheidung der Mutter abfinden, auch wenn sie „nein“ sagt.

Beispiel B: Ein Kind sieht in einem Kaufhaus ein Fahrrad. Es möchte das Fahrrad haben. „Mama, kauf mir das Fahrrad!“ Die Mutter lehnt ab. Da fängt das Kind an zu schreien: „Ich will aber das Fahrrad haben. Sonja und Martin haben auch eins!“ Die Mutter bleibt bei ihrer ablehnenden Entscheidung. Das Kind schreit und heult. Die Mutter beeilt sich, mit ihrem Kind das Kaufhaus zu verlassen. Das Kind hat nicht gebeten, sondern gefordert. Die Mutter sollte als Erfüllungsgehilfe seiner Wünsche dienen.

Beispiel A zeigt uns ein Kind in *bittender*, Beispiel B in *fordernder* Haltung. Gott gegenüber können wir Menschen nie in fordernder, sondern immer nur in bittender Haltung auftreten. Denn Beten heißt: Ich bespreche mein Leben mit allem, was dazugehört, mit Gott. Ich vertraue darauf, daß Gott mein Gebet ernst nimmt, wie ein liebevoller Vater Bitten und Gedanken seines Kindes ernst nimmt. Ich nenne Gott meine Anliegen, aber ich achte auch *Gottes Freiheit*: Ich bitte, ich fordere nicht. Ich wünsche, aber ich erniedrige Gott nicht zum Erfüllungsgehilfen meiner Wünsche. Ich freue mich, wenn ich mit Gott durch das Gebet verbunden bleibe. Ich freue mich, wenn er mein Gebet so erhört, daß ich es merken kann. Aber ich bin mir auch stets bewußt: Ich bin ein Mensch - und Gott ist Gott. Ich bete aus meinem menschlichen Blickwinkel heraus - Gott aber sieht in seiner Allwissenheit mehr als ich. Nicht alles, was ich von Gott erbitte und erwünsche, ist auch gut für mich oder für andere. Wichtig ist: Ich kann Gott alles sagen, ich kann ihn vieles bitten, aber ich überlasse es *seinem guten Willen*, wie er auf mein Gebet antwortet: „Dein Wille geschehe“.

». . . und bitte hilf, daß sich Papa und Mama endlich mal beten trauen!«

8. Beten kann man lernen

a) Beten – wie macht man das?

Viele Menschen schließen beim Beten die Augen, damit sie sich voll auf Gott konzentrieren können. Sie halten die Hände gefaltet, damit ihre Hände sie nicht beim Gebet ablenken. Sie senken beim Beten ihren Kopf, um ihre demütig-bittende Haltung gegenüber dem allmächtigen Gott zum Ausdruck zu bringen. Manche Menschen knien aus diesem Grund zum Gebet auch nieder. Es gibt noch andere Gebetshaltungen. Jeder Beter kann in der Haltung beten, die ihm am besten entspricht.

b) „Klopft an, so wird euch aufgetan“ (Matthäus 7,7)

Viele Menschen haben das Beten als Kinder von ihren Eltern gelernt. Vor dem Schlafengehen wurde gemeinsam gebetet. So sind viele Menschen vom Anfang ihres Lebens an auf ganz natürliche Weise in ein Vertrauensverhältnis zu Gott hineingewachsen, in dem das Gebet ganz selbstverständlich zu ihrem Leben dazugehört. Wo das nicht geschehen ist, da muß mancher das Gespräch mit Gott erst nach und nach lernen. So wie *Nadine*. Sie betet am Anfang vielleicht so:

„Gott, ich komme mir komisch vor, wenn ich zu dir spreche. Ich weiß gar nicht, ob es dich gibt. Ich habe das Gefühl, daß mein Gebet nicht aus diesem Zimmer herauskommt. Gott, wenn es dich wirklich gibt, dann laß mich das doch spüren. Mir fällt es so schwer, an dich zu glauben. Vielleicht will ich es auch gar nicht. Bislang bin ich auch ohne dich zurechtgekommen. Aber richtig glücklich war ich nie. Gott, wenn es dich wirklich gibt, dann hilf mir doch, daß ich nicht an dir zweifeln muß. Andere können zu dir beten. Wie schwer fällt es mir. Antworte mir doch. Amen.“

Vielleicht beschreitet Nadine auch einen anderen Weg. Sie kennt jemanden, von dem sie weiß, daß er öfter betet. Mit ihm spricht sie über das Beten. Vielleicht führt dieses Gespräch dazu, daß beide gemeinsam beten und Nadines Schwierigkeiten mit dem Beten vor Gott aussprechen. Jesus ermuntert uns zum Gebet: „Bittet, so wird euch gegeben; suchet, so werdet ihr finden; klopft an, so wird euch aufgetan. Denn wer da bittet, der empfängt; und wer da sucht, der findet; und wer da anklopft, dem wird aufgetan“ (Matthäus 7,7-8). Gott wartet darauf, daß wir mit ihm sprechen. Gott hat uns bereits angerührt, wenn in uns der Wunsch wach wird, zu ihm zu beten. Wenn jemand auch vorsichtig anklopft wie Nadine, dann wird Gott die Tür öffnen und diesen suchenden Menschen in seine Gemeinschaft finden lassen. Darauf darf jeder vertrauen: der Anfänger im Beten wie auch der Mensch, für den das Gebet bereits zum täglichen Leben dazugehört.

Schließlich ist Beten so einfach; sei es in der Gruppe . . .

. . . oder allein!

c) „Seid beharrlich im Gebet" (Kolosser 4,2)

Im Neuen Testament werden alle Christen - die Anfänger im Beten wie auch die anderen - wiederholt zum Gespräch mit Gott ermuntert. *Auch wir* können Gott immer wieder bitten: „Herr, lehre uns beten!" (Lukas 11,1), damit unser Gespräch mit Gott echt und lebendig bleibt. Denn es gibt Situationen, wo unser Gebet „hohl" wird, wo wir nur pflichtgemäß, aber nicht von Herzen beten.

Es gibt aber auch Zeiten, in denen es uns ausgesprochen schwer fällt, mit Gott zu sprechen, weil sein Weg mit uns unserem Denken, Fühlen und Wollen total entgegengesetzt ist. Jesus hat uns im „Vaterunser" ja die Bitte *„Dein Wille geschehe"* gelehrt. Doch auch er hatte es nicht immer leicht, Gottes Willen zu akzeptieren:

Als Jesus nach Jerusalem kam, wußte er, daß seine Feinde nur auf eine Gelegenheit warteten, ihn zu töten. Kein Mensch stirbt gerne. Auch Jesus wollte nicht sterben. Als er seine Todesstunde nahe herbeigekommen sah, redete er mit Gott im Gebet voller Verzweiflung und Todesangst: „Mein Vater, ist es möglich, so gehe dieser Kelch (Bild für einen mit Gift gefüllten Becher, der den Tod bringt) an mir vorüber. Doch nicht wie ich will, sondern wie du willst" (Matthäus 26,39.42.44). Dieses *Gebet* im Garten Gethsemane gab Jesus die Kraft, seinen Willen in Gottes Willen einzuordnen.

Eltern bitten Gott um Genesung für ihr todkrankes Kind. Gott erhört ihr Gebet nicht. Das Kind stirbt. Wenn diese Eltern es gewohnt sind, im Gebet ständig mit Gott zu sprechen, dann werden sie es auch weiterhin tun. Sie werden ihre Trauer um ihr geliebtes Kind im Gebet vor Gott zum Ausdruck bringen. Sie werden vor Gott weinen und klagen und dabei im Laufe der Zeit Trost und neue Hoffnung gewinnen - eben durch das Gebet.

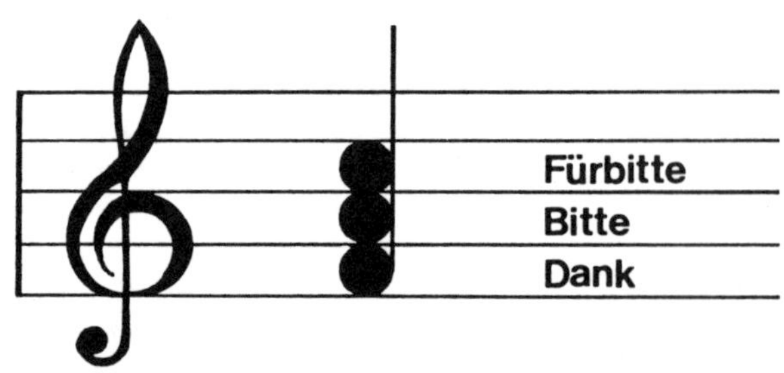

d) Der Dreiklang des Gebets: Dank - Bitte - Fürbitte

Es fällt uns nicht schwer, Gott unsere Bitten und Wünsche mitzuteilen. Aber ihm für alles zu danken, womit er unser Leben schön macht und bereichert, das vergessen wir Menschen leicht. Doch ist das Dankgebet *notwendig*: Im Dankgebet machen wir uns bewußt, wie gut Gott es mit uns meint. Und wir sagen ihm das. Wer sein Leben dankbar aus Gottes Hand nimmt, der wird ein fröhlicher und zufriedener Mensch. Das ist der Lohn des Dankgebets.

DANK

Eine Sonderform des Dankgebets ist das *Tischgebet*. Mit dem Tischgebet danken wir Gott, daß er uns „unser tägliches Brot heute gibt". Ein bekanntes Tischgebet ist dieses: „Alle guten Gaben, alles was wir haben, kommt, o Gott, von dir, wir danken dir dafür. Amen." Die Sitte des Tischgebets kommt bei uns immer mehr aus dem Gebrauch. Wer aber hinter allem, was uns am Leben erhält, Gott, den Geber aller Gaben erkennt, der wird mit den Anfangsworten des 103. Psalms immer wieder bekennen: „Lobe den HERRN, meine Seele, und vergiß nicht, was er dir Gutes getan hat".

»Die ist kostenlos, die Verbindung ist gebührenfrei und Sie sind damit unabhängig von jedem Telefonapparat.«

BITTE

Jeder von uns hat Wünsche, die er Gott nennen kann, jeder von uns hat Probleme, die er mit Gott besprechen möchte. Wir können Gott auch ganz allgemein um seinen Segen bitten, daß unser Leben gelingt: in der Schule, im Elternhaus, später: im Beruf oder in der Ehe. Wir können Gott immer wieder auch darum bitten, daß er den Frieden in der Welt erhält, daß er uns vor Krieg bewahrt.

FÜRBITTE

Wir leben nicht allein, sondern zusammen mit vielen anderen Menschen. Und dabei bekommen wir einiges von deren Problemen und Nöten mit. Wir erleben in unserer Familie Streit und Unfrieden. Freunde oder nahe Angehörige werden krank. Wir hören von Kriegs- und Katastrophenopfern. Oder wir denken an die vielen Millionen Menschen, die hungern müssen. Wenn wir uns den Problemen und Schwierigkeiten anderer Menschen öffnen, dann ist es uns ein Bedürfnis, *für* ihre Not zu *beten*, d.h. Für-bitte zu tun.

Wenn uns die Not anderer wirklich nahegeht, dann werden wir übrigens nicht nur die Hände zum Gebet für sie falten, sondern auch etwas gegen ihre Not tun, soweit es in unseren Kräften steht: Wir können z.B. Kranke besuchen, an den Rollstuhl gebundene Menschen ausfahren, mit alten Menschen spazierengehen, Geld für Katastrophenopfer spenden oder uns für Menschen einsetzen, die ungerecht behandelt werden.

e) Der Segen des Gebets

DANKEN für alles, was meinen Tag schön gemacht hat - BITTEN um das, was mir für mich nötig erscheint - FÜRBITTE HALTEN für die, die Gottes (und meine) Hilfe brauchen: Es ist eine gute Sache, diesen Dreiklang des Gebets *einzuüben* und täglich - am besten nach dem Aufstehen und/oder vor dem Einschlafen - den Tag mit Gott zu besprechen: zu danken, zu bitten und für andere zu beten. Wer den Dreiklang des Gebets eingeübt hat, der wird den Segen des Gebets im täglichen Leben erfahren:

☺ Wir werden dankbare, zufriedene Menschen;

☺ wir haben in Gott einen Freund, mit dem wir über alle unsere Wünsche und Probleme sprechen können;

☺ unser Blick für die Not anderer Menschen wird geschärft;

☺ wir verlernen das Beten nicht;

☺ wir behalten ständig Kontakt mit Gott;

☺ unser Vertrauen auf Gottes Hilfe in unserem Leben wächst.

Martin Luther sagt: „Wie ein Schuster einen Schuh macht und ein Schneider einen Rock, also soll ein Christ beten. Eines Christen Handwerk ist Beten."

9. Glauben heißt Gott vertrauen

a) Glauben: was ist das?

Gott können wir Menschen nicht sehen. Wir können ihn auch nicht direkt hören. Wir können ihn weder fühlen, schmecken noch riechen. Das „Organ“, mit dem wir Menschen Gott erfahren und wahrnehmen können, ist unser *Glaube*. Es ist nicht ganz einfach zu beschreiben, was „Glauben“ meint.

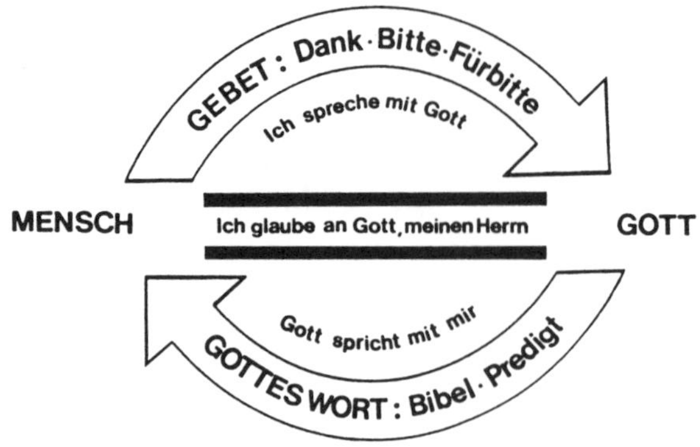

Denn dieses Wort wird in unserer Sprache in sehr unterschiedlicher Bedeutung verwendet. Auf die Frage: „Können Sie mir sagen, wie spät es ist?“ antwortet einer: „Ich habe leider meine Uhr nicht mit, aber ich glaube: es ist gleich 12 Uhr.“ Er könnte auch sagen: „Weil ich meine Uhr nicht mithabe, weiß ich nicht sicher, wie spät es ist. Aber ich nehme an, daß es gleich 12 Uhr ist.“

Der *biblischen Verwendung* des Wortes „Glauben“ kommt das folgende Beispiel nahe: Ein Geschäftsmann sagt 14 Tage nach der Erweiterung seines Geschäfts: „Bis jetzt bleibt der Ansturm der Kunden zwar noch aus, aber ich glaube daran, daß die Erweiterung des Ladens richtig ist.“ Er könnte auch sagen: „Bis jetzt bleibt der Ansturm der Kunden zwar noch aus, aber ich bin zuversichtlich, ich hoffe, ich bin davon überzeugt, ich vertraue darauf, daß die Erweiterung des Ladens richtig ist.“ In der Bibel meint Glaube stets *Vertrauen*. Für „Ich glaube an Gott“ kann es in der Bibel auch heißen: „Ich vertraue auf Gott, ich hoffe auf Gott, ich setze meine Zuversicht auf Gott.“

> ***„Ich aber, Herr, hoffe auf dich und spreche: Du bist mein Gott! Meine Zeit steht in deinen Händen“ (Psalm 31,15-16).***

b) Wem kann ich glauben?

Weltweit gibt es viele Religionen und Heilslehren: den Hinduismus in Indien, den Buddhismus in Asien, den Islam im arabischen Raum. Auch die kommunistische Ideologie, die immer noch einige Staaten dieser Welt beherrscht, ist nichts anderes als eine Religion: Kommunisten glauben daran (= vertrauen darauf), daß man die Verhältnisse auf Erden im Laufe der Zeit so positiv gestalten kann, daß für alle Menschen ein „Paradies auf Erden“ Wirklichkeit wird. Wenn jemand sagt, daß es Gott nicht gibt, so ist auch diese Überzeugung nichts anderes als ein Glaube, den er nicht beweisen kann. Vornehmlich aus dem asiatischen Bereich treten bei uns Angehörige besonderer Sekten auf und versprechen den Menschen Glück und Frieden, wenn man Anhänger ihrer Heilslehre wird. Auch der christliche Glaube tritt als *eine* Stimme im Konzert der Religionen an uns Menschen heran. Was ist nun die *Wahrheit*? *Wem* kann ich glauben?

c) Gott schenkt mir den Glauben

In der Bibel wird uns immer wieder deutlich, daß nicht wir Menschen in uns den Glauben an Gott aus eigener Kraft und Vernunft herstellen können. Niemand kann sagen: „Ich will glauben!" - und dann glaubt er. Glaube ist unsere Beziehung *zu Gott* (siehe das Schaubild oben). Und die kann nur *Gott selber* herstellen. Er muß in uns den Glauben an sich schaffen. Gott geht dabei mit uns Menschen *menschliche Wege*. Durch *Menschen* nimmt er Kontakt mit uns auf.

Viele *Eltern* lehren ihre Kinder schon von früh auf das Beten. Oft sind es auch *andere Menschen* - Großeltern, Paten, Freunde, Kindergottesdienstmitarbeiter, Lehrer, Pastoren - , die ihren christlichen Glauben überzeugend leben. Durch ihr Beispiel und ihre Worte weckte und stärkt Gott unseren Glauben.

Wie auch immer wir zum Glauben an Gott fanden und kommen, so haben wir es doch immer wieder nötig, Gott *um Glauben zu bitten*, wie es - uns zum Vorbild - ein Mensch getan hat, von dem das Markusevangelium berichtet. Er bat Jesus: „Ich glaube, hilf meinem Unglauben!" (Mk 9,24). Gott muß uns Glauben schenken, Gott muß immer wieder unsere Zweifel überwinden. Wenn Gott uns Glauben geschenkt hat, dann werden wir gewiß, daß der christliche Glaube „die Wahrheit" ist. Beweisen können wir das nicht, aber glauben (= darauf vertrauen) können wir, daß Christus „der Weg, die Wahrheit und das Leben" ist (Johannes 14,6). Denn er führt uns in Gottes Gemeinschaft.

d) Glauben heißt: in einem Vertrauensverhältnis zu Gott stehen

Oben wurde uns klar: Für „an Gott glauben" können wir auch sagen: „auf Gott vertrauen". *Vertrauen* spielt in unserem Leben eine viel größere Rolle, als uns gewöhnlich bewußt ist. Einige Beispiele sollen das deutlich machen:

Ich habe meinem Freund einen wichtigen Brief geschrieben. Ich stekke ihn in den Briefkasten im Vertrauen darauf, daß der Kasten geleert, der Brief richtig einsortiert, befördert und zugestellt wird, so daß mein Freund ihn am nächsten oder übernächsten Tag in Händen hat.

Ich fahre mit dem Fahrstuhl vom Erdgeschoß in den 12. Stock eines Hochhauses. Ich vertraue ganz selbstverständlich darauf, daß der Fahrstuhl in Ordnung ist, daß er regelmäßig gewartet und auf seine Funktionsfähigkeit überprüft wird.

Ich muß operiert werden. Ich vertraue mich dem Narkosearzt und dem operierenden Arzt ganz in der Hoffnung an, daß sie das Richtige und Notwendige tun und ihr Bestes geben werden. Ich vertraue darauf, daß die Operation gelingt.

Im täglichen Leben gibt es viele Bereiche, wo wir auf etwas vertrauen, ohne „sicher" zu sein. Wir gehen kein Risiko ein, wenn wir uns Gott, dem Vater Jesu Christi, anvertrauen: *„Herr, ich glaube, hilf meinem Unglauben!"*

10. Glaubensbekenntnis und persönlicher Glaube

a) Das Glaubensbekenntnis: eine Zusammenstellung von Kernsätzen des christlichen Glaubens

Unsere Eltern oder andere Christen haben mit uns gebetet und uns von Gott und Christus erzählt. Dadurch hat Gott uns Glauben geschenkt. Jetzt ist es an *uns*, unseren Glauben zu bekennen und an andere Menschen weiterzugeben (Psalm 78,3-7). Das *Glaubensbekenntnis* will uns dabei helfen, unseren Glauben kurz und umfassend auszusprechen. Seit etwa 1800 Jahren dient das Glaubensbekenntnis, das wir auch im Gottesdienst sprechen, den Christen dazu, ihren Glauben in Worte zu fassen:

W. Baumann

1. Artikel	Ich glaube an Gott, den Vater, den Allmächtigen, den Schöpfer des Himmels und der Erde.
2. Artikel	Und an Jesus Christus, seinen eingeborenen Sohn, unsern Herrn, empfangen durch den Heiligen Geist, geboren von der Jungfrau Maria, gelitten unter Pontius Pilatus, gekreuzigt, gestorben und begraben, hinabgestiegen in das Reich des Todes, am dritten Tage auferstanden von den Toten, aufgefahren in den Himmel; er sitzt zur Rechten Gottes, des allmächtigen Vaters; von dort wird er kommen, zu richten die Lebenden und die Toten.
3. Artikel:	Ich glaube an den Heiligen Geist, die heilige christliche Kirche, Gemeinschaft der Heiligen, Vergebung der Sünden, Auferstehung der Toten und das ewige Leben. Amen.

In diesem Glaubensbekenntnis sind Kernsätze christlichen Glaubens aufgrund der Bibel in wenigen Sätzen zusammengestellt. Das Glaubensbekenntnis spielte in der Alten Kirche eine zentrale Rolle bei der *Taufe*. Wer zum christlichen Glauben übertrat, wurde vor seiner Taufe nach seinem Bekenntnis gefragt und antwortete dann mit dem „Glaubensbekenntnis".

b) Das Bekenntnis zum dreieinigen Gott

Deutlich ist zu erkennen, daß das Glaubensbekenntnis aus drei Teilen besteht. Die einzelnen Teile nennt man „Artikel" (= Abschnitte). Sie sprechen nicht von drei Göttern, sondern vom *dreieinigen Gott*, weil Gott uns Menschen *in dreifacher Weise* begegnet.

1. Artikel: Gott begegnet mir als der ***Schöpfer***, der Himmel und Erde und auch mich geschaffen hat.

2. Artikel: Gott begegnet mir in ***Jesus Christus***, seinem Sohn, der für mich gestorben und auferstanden ist.

3. Artikel: Gott begegnet mir im ***Heiligen Geist***, der in mir Glauben schafft und uns Christen in seiner Kirche vereinigt.

Im Neuen Testament finden wir bereits kurze Bekenntnisformulierungen zum dreieinigen Gott, zum Beispiel diese: „Die Gnade unseres ***Herrn Jesus Christus*** und die Liebe ***Gottes*** und die Gemeinschaft des ***Heiligen Geistes*** sei mit euch allen" (2.Korinther 13,13). Der auferstandene Christus erteilt seinen Jüngern den Auftrag: „Darum geht hin und macht zu Jüngern alle Völker. Tauft sie auf den Namen des ***Vaters*** und des ***Sohnes*** und des ***Heiligen Geistes***" (Matthäus 28,19).

In der Mitte des 2. Jahrhunderts n. Chr. gab es in Rom bereits einen Vorläufer des uns vertrauten Glaubensbekenntnisses, das sogenannte „Romanum". Dieses Bekenntnis wurde bis ins 4. Jahrhundert n. Chr. etwas erweitert und fand dann Verbreitung als *„apostolisches* Glaubensbekenntnis" (= seine Bekenntnisaussagen gehen auf die Lehren der Apostel zurück). Die einzelnen Bekenntnissätze des apostolischen Glaubensbekenntnisses sind also sehr alt. Manche Aussagen verstehen wir sofort, andere erscheinen uns nebensächlich oder gar merkwürdig. Sie müßten nach unserem Empfinden anders formuliert oder weggelassen werden. Von jetzt an werden wir uns im Konfirmandenunterricht vor allem damit auseinandersetzen, was die drei Artikel des Glaubensbekenntnisses und ihre einzelnen Bekenntnissätze bedeuten und aussagen wollen. Dann wird uns manches, was uns jetzt noch unverständlich vorkommt, wohl klarer werden.

c) Das Glaubensbekenntnis verbindet die weltweite Christenheit

Gewiß könnte man das apostolische Glaubensbekenntnis noch verbessern. Es sagt beispielsweise gar nichts über das Leben und Wirken Jesu aus. Es spricht nur von seiner Geburt, seinem Leiden, seinem Tod am Kreuz, seiner Auferstehung und seiner Erhöhung zu Gott. Aber weil dieses Glaubensbekenntnis in vielen Kirchen weltweit gesprochen wird, weil es viele Kirchen und Glaubensgemeinschaften - wie unterschiedlich sie auch sein mögen - verbindet, darum lassen wir dieses Bekenntnis in seinen Formulierungen unangetastet und sprechen es im alten Wortlaut auch in unseren Gottesdiensten.

Die Alte Kirche hat noch ein anderes, umfangreicheres Glaubensbekenntnis hervorgebracht, das sogenannte „Nicänum" (angenommen auf dem Konzil von *Nicäa* 325 n. Chr.). Es ist in unseren Gesangbüchern abgedruckt und findet bei besonders festlichen Gottesdiensten Verwendung.

Mysteriös: Drei ist eins

Pfarrer Tripelhofer erklärt den Konfirmanden die Dreieinigkeit Gottes: Vater, Sohn und Heiliger Geist. Alle drei gehören zusammen wie . . . Tja, so wie die 15 Gegenstände hier im Raum, von denen immer drei zusammenpassen.

11. Biblische Schöpfungsberichte und Naturwissenschaft

a) Wie ist die Welt entstanden?

Immer wieder haben sich Menschen Gedanken darüber gemacht, wie die Welt entstanden sein könnte und wie sie zu beschreiben ist. Betrachten wir als Beispiel drei Modelle:

Das ptolemäische Weltbild: Um 140 nach Christus beschrieb der Ägypter Ptolemäus die Welt so: Im Mittelpunkt der Welt steht die Erde. Um die Erde kreisen Sonne, Mond und die anderen Sterne.

Das kopernikanische Weltbild: Nikolaus Kopernikus gelangte aufgrund seiner Beobachtungen der Gestirne um 1500 n. Chr. zu einer anderen Weltsicht als Ptolemäus: Im Mittelpunkt des Weltalls steht die Sonne, die von den Planeten umkreist wird. Auch die Erde umkreist die Sonne. Der Mond läuft in einer Umlaufbahn um die Erde.

Die Urknalltheorie: Das kopernikanische Weltbild wurde abgelöst durch die Erkenntnis, daß es nicht nur ein Sonnensystem im Weltall gibt, sondern mehrere. Nach der modernen „Urknalltheorie" ist die Welt so entstanden: Im Anfang verdichtete sich ein Gemisch aus Elementarteilchen und Wasserstoffgas so stark, daß es explodierte („Urknall") und in vielen Milchstraßen auseinanderstrebte. Die einzelnen Milchstraßen bestehen aus Unmengen von „Sternen": Planeten, Sonnen usw. Auf diese Weise ist auch unsere Erde entstanden als ein Teil unserer Milchstraße, um die Sonne kreisend.

Es ist durchaus möglich, daß künftige Naturwissenschaftler - etwa aufgrund zunehmender Weltraumerforschung - zu noch ganz anderen Aussagen über die Weltentstehung gelangen.

b) Wie sind die Schöpfungsaussagen der Bibel zu verstehen?

Im Kindergarten, im Kindergottesdienst oder durch Bilderbücher erfahren viele Kinder schon früh etwas von den Schöpfungsaussagen, die ganz am Anfang der Bibel stehen. Sie behalten beispielsweise, daß Gott die Welt in sieben Tagen geschaffen hat. Später erfahren sie in der Schule etwas von naturwissenschaftlicher Welterklärung (z.B. „Urknalltheorie"). Für sehr viele taucht dann ein großes Problem auf: Was stimmt denn nun? Hat Gott die Welt in sieben Tagen erschaffen? Oder ist die Welt vor Millionen von Jahren durch einen „Urknall" entstanden? Wem soll ich glauben? Hat die Naturwissenschaft recht? Oder hat die Bibel recht?

„Herr, du bist doch unser Vater! Wir sind Ton, du bist unser Töpfer, und wir alle sind deiner Hände Werk." (Jesaja 64,7)

„Von welchem Schöpfer sprichst du? Wir sind einfach Produkte des Zufalls, haben uns selber zu immer größerer Vollkommenheit entwickelt ..."

Wir werden sehen, daß wir die naturwissenschaftliche Welterklärung und den Glauben an Gott, den Weltschöpfer, nicht gegeneinander ausspielen müssen, sondern daß wissenschaftliche Weltbeschreibung und biblische Schöpfungsaussagen einander geradezu ergänzen können. Wer 1.Mose 1-2 aufmerksam liest, dem entgeht nicht, daß die Bibel auf ihren ersten Seiten *zwei unterschiedliche Schöpfungsdarstellungen* enthält: 1.Mose 1,1 - 2,4a und 1.Mose 2,4b-25. Die Bibel spricht also nicht nur von der Erschaffung der Welt durch Gott in sieben Tagen! In der zweiten Schöpfungsgeschichte bleibt es ganz offen, wie lange der Schöpfungsvorgang dauerte. Um diese Geschichten nicht mißzuverstehen, ist es wichtig, daß wir uns bewußt machen, wo sie aufgeschrieben sind. Sie finden sich in der *Bibel*, also *nicht in einem naturwissenschaftlichen Werk*!

Auf den richtigen Umgang mit der Bibel kommt es nun aber an! Die Bibel ist *nicht* daran *interessiert*, uns in erster Linie etwas über das *Wie* der Entstehung der Erde mitzuteilen. Die Bibel antwortet auf andere Fragen, z.B.: *Wer* hat alles geschaffen? Welche Stellung hat der *Mensch* gegenüber Gott und innerhalb der Geschöpfe Gottes? Wenn ich wissen will, *wie* alles geschaffen wurde, dann nehme ich ein naturwissenschaftliches Werk zur Hand. Die Unterschiedlichkeit der beiden Schöpfungsgeschichten der Bibel kann uns deutlich machen, daß es der Bibel nicht um die Darstellung des Themas geht: „Wie hat Gott die Welt geschaffen?"

Nach der ersten Schöpfungserzählung hat Gott den Menschen *am Ende von allem* geschaffen (1.Mose 1,26-27), nach der zweiten Erzählung *ganz am Anfang* (1.Mose 2,7). Wenn wir allein an der Frage interessiert sind, *wie* Gott die Welt geschaffen hat, dann geben uns beide Darstellungen einander widersprechende Antworten. Entweder schuf Gott den Menschen am Anfang oder am Ende. Die Menschen, die die Bibel aufgeschrieben haben, störten sich aber nicht an dieser unterschiedlichen Darstellungsweise. Denn es interessierte sie nicht so sehr, herauszufinden, *wie* Gott die Welt geschaffen hat (diese Frage interessiert *uns*). Für sie waren andere Fragen wichtiger: *Wer* hat alles geschaffen? *Wozu* wurde der Mensch erschaffen? Auf diese Fragen geben beide so unterschiedlichen Schöpfungsgeschichten die *gleiche* Antwort:

Die *ältere Schöpfungsgeschichte* (1.Mose 2,4b-25) wurde von einem Mann aufgeschrieben, der vermutlich um 1000 v. Chr. am Hofe König Davids in Jerusalem (siehe S.15 zweiter Absatz) gewirkt hat. Er überschreibt seine Geschichte mit den Worten: „Es war zu der Zeit, als Gott der Herr Erde und Himmel machte" (1. Mose 2,4b). Diese Schöpfungserzählung läßt sich in Form von Kreisen bildlich darstellen. Eine ihrer wesentlichen Aussagen wird so deutlich: *Der Mensch ist der Mittelpunkt der Schöpfung.*

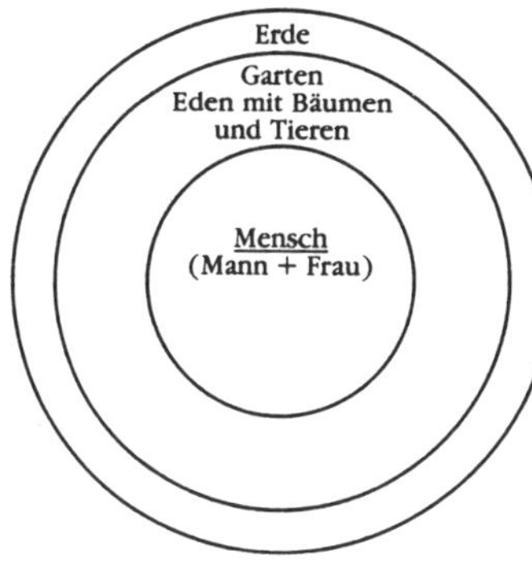

Die *jüngere Schöpfungsgeschichte* (1.Mose 1,1 - 2,4a) wurde von israelitischen Priestern um 550 v. Chr. oder später in Babylon verfaßt, als ein großer Teil des Volkes Israel im babylonischen Exil leben mußte (siehe S.16 erster Absatz). Ihre Überschrift lautet: „Am Anfang schuf Gott Himmel und Erde" (1.Mose 1,1). Diese Schöpfungsgeschichte kann man gut mit einer Pyramide darstellen. Eine ihrer wesentlichen Aussagen wird auf diese Weise anschaulich: *Unter den Geschöpfen hat der Mensch die höchste Stellung.*

Wenn man beide im einzelnen recht unterschiedlichen Geschichten miteinander vergleicht, dann wird klar, daß ihre *Hauptaussagen übereinstimmen*: ❶ Nicht der Zufall, nicht der Gott der Babylonier (Marduk) oder ein anderer Gott, der irgendwo auf dieser Welt angebetet wird, sondern der *Gott Israels* hat Himmel und Erde erschaffen. ❷ Innerhalb der Geschöpfe Gottes hat der *Mensch* den höchsten Rang.

Hier unterscheidet sich die biblische Kernaussage über die Herkunft der Welt von modernen wissenschaftlichen Theorien, sofern diese davon ausgehen, daß sich das Universum *ganz von selbst* entwickelt hat. In den ersten Kapiteln der Bibel wird dagegen bekannt, daß die Welt *Schöpfung* ist, daß sie also ihr Dasein dem *Willen und Wirken Gottes* verdankt, wie auch immer der Schöpfungsakt vor sich gegangen sein mag. Wenn wir im Glaubensbekenntnis die Worte „Ich glaube an Gott, den Vater, den Allmächtigen, den Schöpfer des Himmels und der Erde" sprechen, so bekennen auch wir uns damit zu Gott, dem allmächtigen Schöpfer, unserem himmlischen Vater.

c) Die biblischen Schöpfungsberichte sind Glaubensbekenntnisse

Die Schöpfungserzählungen der Bibel sind also *Glaubensbekenntnisse*, die *erzählen*, was der 1. Artikel des apostolischen Glaubensbekenntnisses mit wenigen Worten sagt. Die biblischen Schöpfungsgeschichten bringen ihren Glauben an Gott den Schöpfer in *ihrer* Weltsicht zum Ausdruck. Anders konnten sie es nicht tun, weil ihre Verfasser um 1000 beziehungsweise 550 v. Chr. und nicht in unserer naturwissenschaftlich geprägten Gegenwart lebten. Ihr Weltbild ist ein *„Weltbild des Auges"*, denn sie beschrieben Himmel und Erde so, wie sie sie sahen und erlebten. Wenn wir heute Lebenden von den inzwischen vorliegenden naturwissenschaftlichen Erkenntnissen nichts wüßten, würden wir die Erde vermutlich ganz ähnlich beschreiben:

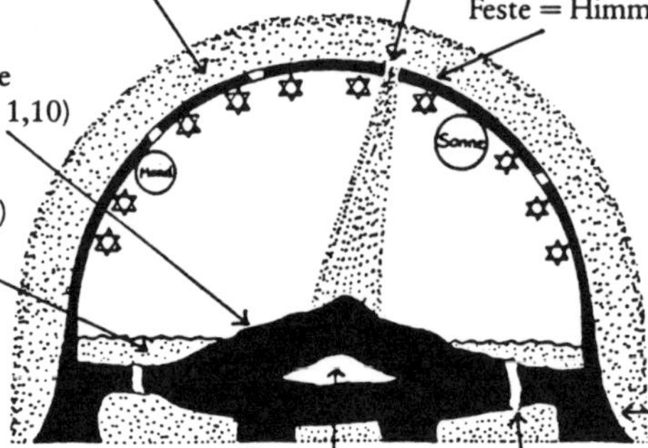

Der Himmel ist wie eine große Glocke („Feste") über die Erde gesetzt. Die Erde hebt sich aus dem Wasser heraus. Über dem Himmelsgewölbe (Glocke) ist ebenfalls Wasser. Das wird daran deutlich, daß die Farbe des Meeres und die des Himmels in gleicher Weise blau ist. Der Regen bestätigt: ab und zu öffnen sich die „Fenster des Himmels" und lassen das Wasser oberhalb des Himmelsgewölbes auf die Erde herabtropfen. Sonne, Mond und Sterne wirken wie Lampen am Himmelsgewölbe. Die Toten werden in der Erde bestattet. Unterhalb der Erdoberfläche muß also das „Totenreich" sein. Erde und Himmelsgewölbe ruhen auf Säulen, denn die Erde schwankt nicht im Wasser.

Züge dieses Weltbilds des Auges finden wir besonders deutlich in 1.Mose 1,6-10.16-18 wieder. Die Menschen damals haben also Gott den Schöpfer *in ihrer Weltsicht* bekannt. In unserer Zeit können wir unseren Glauben an Gott den Schöpfer auch *entsprechend unserer Weltsicht* ausdrücken. Eine „Gilde katholischer Ingenieure Deutschlands" hat ein Bekenntnis zu Gott dem Schöpfer verfaßt. Es stellt die Aussagen eines alttestamentlichen *Lobliedes auf Gott den Schöpfer* (Psalm 8) mit Hilfe von Ergebnissen naturwissenschaftlicher Forschung dar:

> „Herr, unsere Astronomen haben die Tiefe des Weltalls gemessen und die Zahl seiner Sterne bestimmt.
> Herr, sie sagten, es gäbe Milliarden von Milchstraßen, und jede hätte Milliarden von Sonnen.
> Herr, da fiel es uns schwer zu glauben, daß der Mensch mehr sei als ein Tropfen im Ozean, als ein Sandkorn am Strande des Meeres, als eine Ameise am Boden des Waldes.
> Herr, da fiel es uns schwer zu glauben, daß du jeden von uns kennst - und liebst, daß du deinen Sohn zu uns gesandt hast und ihn leiden ließest für uns.
> Herr, doch jetzt haben unsere Gelehrten entdeckt, daß eine ganze Milchstraße nötig war, um unsere Erde entstehen zu lassen.
> Herr, nun haben sie gefunden, daß seit dem Tage der Welt alles Wachsen und Werden auf ihr nur den einen Sinn hatte: den Menschen hervorzubringen.
> Herr, so schuf also deine Liebe Himmel und Erde um des Menschen willen, daß er dich in allem erkenne und liebe.
> Herr, wie wunderbar sind deine Gedanken und Werke, und wie klein, Herr, ist unser Glaube."

12. Der Mensch in Gottes Schöpfung

a) Leben kann sich entfalten (1.Mose 1,31)

Ziemlich am Ende der ersten Schöpfungsgeschichte steht der Satz: „Und Gott sah an alles, was er gemacht hatte, und siehe, es war sehr gut“ (1.Mose 1,31). Gott prüft seine Schöpfung und nennt sie *„sehr gut“*. Das bedeutet nicht: "Bravo, das habe ich toll hingekriegt!“ Sondern die Worte „es war sehr gut“ meinen: *Es funktioniert*, es ist alles so geordnet und eingerichtet, daß Leben sich entwickeln und entfalten kann. Pflanzen können wachsen, Tiere haben ihren Lebensraum, und auch der Mensch kann sich auf der Erde einrichten. Natur und Bodenschätze kann er nutzen.

Alles Leben läuft nach bestimmten Ordnungen und Gesetzen ab, die Gott seiner Schöpfung eingegeben hat. Die Erde z.B. kreist in einer elliptischen Bahn um die Sonne. Außerdem dreht sie sich um sich selbst. Durch diese Ordnung ist der lebensnotwendige Rhythmus von Tag und Nacht gewährleistet und auch die lebenswichtige Abfolge der Jahreszeiten (Frühling, Sommer, Herbst und Winter). Ohne diese der Schöpfung von Gott eingegebenen Ordnungen wäre kein Leben auf Erden möglich. Wenn z.B. die Laufbahn der Erde um die Sonne Schwankungen unterworfen wäre, würde es bei größerer Entfernung von der Sonne viel zu kalt und bei geringerem Abstand viel zu heiß auf der Erde sein. Alles Lebendige würde erfrieren oder verbrennen. *Durch die Gesetze und Ordnungen der Welt und der Natur erhält Gott die Erde und uns Menschen am Leben.*

b) Der Mensch: Mitarbeiter in Gottes Schöpfung (1.Mose 1,28)

Die Schöpfungsgeschichten vom Anfang der Bibel haben uns deutlich gemacht, daß wir Menschen den höchsten Rang innerhalb der Geschöpfe Gottes haben (siehe S.33). Dem entspricht der Auftrag, den Gott uns gibt: „Seid fruchtbar und mehret euch und füllet die Erde und *machet sie euch untertan* und *herrschet* über die Tiere im Meer und über die Vögel unter dem Himmel und über das Vieh und über alles Getier, das auf Erden kriecht“ (1.Mose 1,28). Der Schöpfungsauftrag des Menschen lautet also: Füllt die Erde, macht sie euch *dienstbar* (= untertan) und herrscht über die Tierwelt. Um dieser Auf*gabe* nachzukommen, hat Gott uns Menschen besondere *Gaben* geschenkt, insbesondere einen *schöpferischen Geist*.

Einige Beispiele dafür:

- Mit Hilfe einer ausgeklügelten Bautechnik kann der Mensch gewaltige Bauwerke errichten.
- Mit landwirtschaftlichen Produktionsmethoden haben die Menschen es gelernt, Nahrungsmittel zu erzeugen, um das menschliche Leben zu erhalten.
- Im Laufe der Zeit ist es der medizinischen Forschung gelungen, immer mehr Krankheiten zu bekämpfen. Die Entwicklung neuartiger Instrumente und Apparate hilft den Ärzten, das Leben von Patienten zu bewahren.
- Der schöpferische Geist befähigt uns Menschen dazu, Gefühle und Gedanken zum Beispiel in Form von Musik zum Ausdruck zu bringen.
- Das künstlerische Gestalten des Menschen ist nicht auf die Musik beschränkt. Große Bauwerke, berühmte Plastiken, Bilder oder Filme zeugen von der schöpferischen Gestaltungskraft menschlichen Geistes. Ebenso die Produkte von Dichtern, Schriftstellern und Graphikern.

□ Zu den herausragenden Merkmalen menschlicher Fähigkeiten gehört die Sprache. Sie trägt zur Verständigung der Menschen untereinander bei. Durch das Gespräch lassen sich Probleme lösen oder vermeiden. Im Gespräch teilen wir uns anderen Menschen und Gott mit.

□ Zu den schöpferischen Fähigkeiten des Menschen gehören auch Phantasie und Liebe: das Denken vom anderen her - das Handeln in seinem Sinn.

„Macht euch die Erde untertan und herrscht" (1. Mose 1,28): diese Aussage der ersten Schöpfungsgeschichte wird ergänzt durch Worte der zweiten Schöpfungserzählung: „Und Gott der Herr nahm den Menschen und setzte ihn in den Garten Eden, daß er ihn *bebaute und bewahrte*" (1.Mose 2,15). Beide Aussagen muß man zusammensehen! Wir Menschen haben einen Schöpfungsauftrag erhalten zur Mitgestaltung dieser Erde („bebauen und bewahren"), aber keinen Freibrief zu verantwortungslosem Handeln (Zerstörung der Umwelt). Verantwortungsvolle Mitarbeiter in Gottes Schöpfung können wir allerdings nur sein, wenn wir uns als Geschöpfe Gottes, unseres himmlischen Vaters, verstehen. Wenn wir Gott den Schöpfer als unseren Herrn anerkennen, der *uns* etwas zu sagen hat. Nach Gottes Absicht sind wir Menschen erst dann richtig Menschen, wenn wir *mit* und *nicht ohne ihn* leben. Darüber wollen wir im folgenden nachdenken.

c) Gott schuf den Menschen zu seinem verantwortlichen Gegenüber (1.Mose 1,27)

In der ersten Schöpfungsgeschichte findet sich der Satz: „Und Gott schuf den Menschen zu seinem Bilde, zum Bilde Gottes schuf er ihn" (1.Mose 1,27). Was ist mit diesen Worten gemeint? Vergleiche hinken zwar, aber sie können dennoch hilfreich sein. So soll uns der leicht zu behaltende Vergleich mit einem *Spiegelbild* klarmachen, was die *Schaffung des Menschen zum Bilde Gottes („Ebenbild")* bedeutet:

Wir schauen in einen Spiegel. Wir sehen dort unser Spiegelbild, weil wir dem Spiegel *gegenüber*stehen. Wir sehen uns von Angesicht zu Angesicht. Wenn wir uns vom Spiegel abwenden, dann können wir uns nicht mehr sehen. Wenn die Bibel von der Erschaffung des Menschen „zum Bilde Gottes" spricht, dann meint sie damit etwas Ähnliches: Gott schafft sich im Menschen ein *Gegenüber*. Er will mit dem Menschen Kontakt haben von Angesicht zu Angesicht, so wie man in den Spiegel schaut und sich dann von Angesicht zu Angesicht sieht. Brechen wir hier den Vergleich ab. Er sollte uns verdeutlichen, daß die Bibel mit der Aussage von der Erschaffung des Menschen zum (Eben)bild Gottes an ein *Geschehen zwischen Mensch und Gott* denkt, genauer an ein *Gespräch*, das zwischen uns Menschen und Gott stattfinden soll. Gott will mit uns und wir sollen mit Gott sprechen, wie Menschen sich einander zuwenden, wenn sie miteinander reden. Wenn ein Mensch sich von seinem Gesprächspartner abwendet, dann unterbricht er den Kontakt von Angesicht zu Angesicht. Wenn wir Gott den Rücken kehren, dann unterbrechen wir den Kontakt zu Gott, dann kann er uns nichts mehr direkt sagen und auch wir ihm nicht.

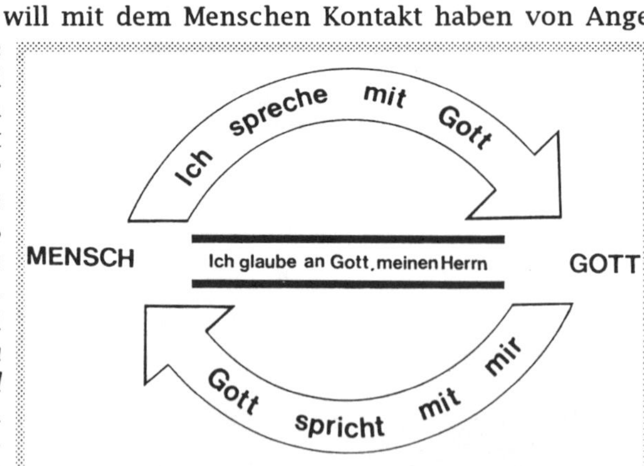

Die Aussage „Gott schuf den Menschen zu seinem Bilde" bedeutet also: Gott schuf den Menschen zu seinem ver*antwort*lichen *Gegenüber*, mit dem er reden, das ihm *antworten* kann. Der Mensch ist nur Mensch, wie Gott ihn gemeint hat, wenn er Kontakt mit Gott hat. Wenn er Gott über sich als Herrn anerkennt. Wenn er auf Gott hört, wenn er damit zufrieden ist, *Mensch*, das heißt Gottes Geschöpf zu sein.

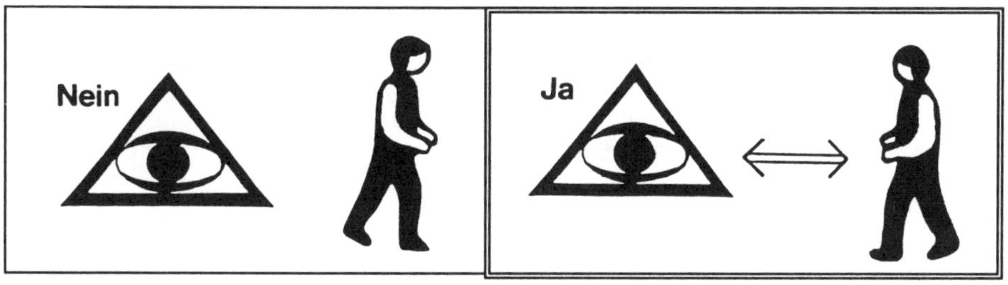

d) Zusammenfassung

Gott übergibt dem Menschen die Erde, daß er sie nutze und gestalte, bebaue und bewahre. Er stellt dem Menschen die Natur und die Bodenschätze zur Verfügung. Er hat den Menschen mit einem schöpferischen Geist ausgerüstet, damit er sein Leben auf dieser Erde gestalten kann. Immer aber gilt: Dieses alles soll der Mensch als *Gottes verantwortliches Gegenüber* tun, also als einer, der mit seinem Schöpfer lebt. Er soll Herrscher über die Erde sein als einer, der im ständigen Gespräch mit Gott steht. Dann wird er nicht vergessen, daß er die Erde *bewahren* soll. Wenn der Mensch so lebt, dann behält der Ausspruch Gottes Gültigkeit: „Und siehe, es war sehr gut" (1.Mose 1,31). Dann kann sich blühendes, harmonisches Leben auf Erden entfalten.

○ blau △ rot ▲ braun ● gelb

Das Geheimnis der Gemüsekiste

Obst und Gemüse ist hier zum Erntedankgottesdienst aufgebaut. Wer es richtig anmalt, der sieht etwas: Wofür wir Gott noch danken sollen – außer für Obst und Gemüse.

13. Die Menschen lehnen sich gegen Gott auf (die Geschichte vom Sündenfall)

a) Die Geschichte vom „Sündenfall" sagt uns, wer wir Menschen sind (1.Mose 3,1-24)

Vielleicht haben wir schon einmal ein Bild mit der Darstellung von „Adam und Eva" gesehen. Häufig sieht man sie vor einem Apfelbaum stehen, um dessen Stamm sich eine Schlange ringelt. Solche Bilder - wie auch das nebenstehende (⇨) - können leicht zu einem Mißverständnis der Geschichte vom Sündenfall führen, daß wir nämlich „Adam" und „Eva" als die ersten Menschen ansehen, die *Adam* und *Eva* hießen, und deren Geschick der Vergangenheit angehört.

Nun will aber die *sinnbildliche* Geschichte vom Sündenfall mit ihrer Darstellung vom Verhalten des Mannes und seiner Frau etwas *für uns Menschen Typisches* beschreiben, das Bedeutung auch für unsere Gegenwart hat. Bereits die *Namensgebung* des Menschenpaares von 1. Mose 3,1-24 macht deutlich, daß hier wesentliche Züge unseres Menschseins beschrieben werden sollen:

„Adam" hängt mit dem hebräischen Wort „adamah" (= Erde) zusammen und bedeutet „der Irdische". Damit soll der Mensch charakterisiert werden als einer, dessen Leben an diese Erde gebunden ist (1. Mose 3,19). - „Eva" - hebräisch „chawwa" - ähnelt dem hebräischen Wort für "Leben" und bedeutet „Mutter des Lebens". Mit dieser Charakterisierung wird deutlich gemacht, daß durch die Kinder gebärende Frau das menschliche Leben weitergegeben wird (1.Mose 3,20).

„Adam" und „Eva" sind also nicht einfach nur Eigennamen wie Oliver und Tanja, sondern es handelt sich um sinnbildliche Namen, mit denen der Mensch - sei er männlich oder weiblich - charakterisiert werden soll. „Adam" und „Eva" stellen also ein Menschenpaar dar, mit dem die Bibel beschreibt, was für uns Menschen typisch ist. Was von ihnen erzählt wird, das *gilt für jedermann*, ob Mann oder Frau, ob vor langer Zeit oder heute lebend. Wenn wir uns mit „Adam" und „Eva" beschäftigen, dann hält die Bibel uns gewissermaßen einen Spiegel vor: So wie sich diese Menschen Gott gegenüber verhalten, so verhalten auch wir uns ihm gegenüber. Die Geschichte vom Sündenfall will uns sagen, wer *wir* sind:

b) Gott schenkt dem Menschen Freiheit

Gott hat uns Menschen nicht als Roboter geschaffen, die so funktionieren, wie sie von ihrem Schöpfer programmiert worden sind. Sondern Gott hat uns Menschen zum *freien Gegenüber mit eigenem Willen* geschaffen. Wir haben zwei Möglichkeiten, unsere Freiheit zu gebrauchen:

➔ mit Gott leben - auf seine Stimme hören - seine Gebote beachten,

🡐 Gott den Rücken kehren - nicht auf ihn hören - es besser wissen wollen als Gott (siehe Abschnitt c auf S.36-37).

c) Der Mensch gebraucht seine Freiheit gegen Gott

Gott gibt ein Gebot (1.Mose 2,16-17): Damit der Mensch eine *echte Möglichkeit* erhält, seine Freiheit Gott gegenüber zu bewähren, gibt Gott ihm ein Gebot. So hat der Mensch die Möglichkeit, Gott freiwillig gehorsam zu sein - oder nicht. Die Geschichte vom Garten Eden bringt das so zum Ausdruck: Gott sagt zu den Menschen: Von allen Bäumen des Gartens dürft ihr essen, doch von dem Baum der Erkenntnis des Guten und Bösen nicht. Sobald ihr davon eßt, müßt ihr sterben. Also: Erlaubnis zu allem - mit einer Einschränkung. Es ist eigentlich nicht schwer, dieses Gebot Gottes zu halten.

Der Mensch wird versucht, Gottes Gebot zu übertreten (1.Mose 3,1-5): Der Mensch gerät in eine Versuchungssituation. Die Sündenfallgeschichte stellt das mit Hilfe einer sprechenden Schlange dar, die den Menschen zur Übertretung von Gottes Gebot bewegen will. Die Schlange sät *Mißtrauen gegen Gott.* Ihr werdet gar nicht sterben, wenn ihr von dem betreffenden Baum eßt, sagt sie, Gott hat euch das nur verboten, weil er euch klein und unmündig halten will. Sobald ihr aber davon eßt, werden euch die Augen aufgehen. Dann werdet ihr wissen, was gut und böse ist. Dann werdet ihr *sein wie Gott selber!* „Sein wie Gott" bedeutet: gleichrangig mit Gott sein, von Gott unabhängig sein, sich von ihm nichts sagen lassen müssen. So etwas reizt uns Menschen sehr. Wir möchten niemanden über uns haben, auch Gott nicht.

Der Mensch erliegt der Versuchung (1.Mose 3,6): Der Mensch ist nicht damit zufrieden, *Mensch, also Gottes Geschöpf,* zu sein. Er will mehr - er will *sein wie Gott selber* (vgl. das Märchen vom „Fischer und seiner Frau"). Die Vorstellung, Gott gleich sein zu können, reizt den Menschen so stark, daß er der Versuchung erliegt und das Gebot Gottes übertritt. Die biblische Geschichte beschreibt das so: Die Frau sieht, daß die Frucht des Baumes „eine Lust für die Augen" und sehr „verlockend" ist. Da nimmt sie und ißt, gibt auch ihrem Mann, und der macht einfach mit und ißt auch.

Die Bibel erklärt nicht, warum der Mensch Gott mißtraut, der Versuchung erliegt und Gottes Gebot übertritt. Sie stellt nur fest, daß er es tut. Daß er also die Freiheit mißbraucht, die Gott ihm gegeben hat. Diesen Mißbrauch der Freiheit nennt die Bibel *„Sünde".*

Die *Sünde* - das ist das Bestreben des Menschen, Gott gleich, also von Gott unabhängig sein zu wollen - begegnet uns heute in vielerlei Gestalt: Etwa wenn Menschen Gottes Gebote nicht beachten, eigene Lebensregeln aufstellen und damit zum Ausdruck bringen, daß sie es besser wissen als Gott selber. Etwa wenn Menschen dem Wort Gottes (Bibel/Predigt) aus dem Wege gehen, um sich ja nichts von Gott sagen lassen zu müssen. Oder wenn einer Christen, die sich durch Worte und Taten zu Christus und seiner Gemeinde bekennen, verächtlich macht. Im Hintergrund kann seine Rebellion gegen Gott stehen.

d) Das harmonische Verhältnis des Menschen zu Gott zerbricht

Die Menschen gehen gegeneinander auf Distanz (1. Mose 3,7): Die alte Geschichte sagt: Nach der Übertretung des Gebots gehen den Menschen die Augen auf. Sie erkennen, daß sie nackt sind. Sie können es auf einmal nicht mehr ertragen, nackt und ungeschützt einander zu begegnen. Sie gehen voreinander „in Deckung", indem sie ihre Blöße mit Schurzen aus Feigenblättern zudecken.

„Sich keine Blöße voreinander geben" ist geradezu eine Redewendung geworden, die Typisches über uns Menschen aussagt: Wer traut es sich schon zu, Schwächen und Fehler anderen Menschen gegenüber zuzugeben? Wer gesteht einem anderen Menschen Schwächen und Fehler zu, ohne ihn zu verurteilen?

Die Menschen gehen Gott gegenüber auf Distanz (1.Mose 3,8): Die Sündenfallgeschichte beschreibt sehr plastisch, daß Gott am Abend im Garten Eden „spazierengeht". Die Menschen hören ihn und verstecken sich vor ihm. Sie können Gott nicht mehr von Angesicht zu Angesicht begegnen. Sie können seine direkte Gemeinschaft nicht mehr ertragen. Sie haben plötzlich Angst vor Gott, weil sie sich schuldig fühlen.

Angst vor Gott und Schuldgefühle gegenüber Gott können bei heutigen Menschen im Hintergrund stehen, wenn sie sich in der Weise vor Gott „verstecken", daß sie z.B. den Gottesdienst meiden „wie der Teufel das Weihwasser".

Gott fordert den Menschen auf, sich vor ihm zu verantworten (1.Mose 3,9-13): Gott erkennt am furchtsamen Verhalten der Menschen, daß sie sein Vertrauen mißbraucht, ihm mißtraut und sein Gebot übertreten haben. Er fordert die Menschen auf, ihr Verhalten vor ihm - ihrem Schöpfer - zu *verantworten*. Der Mensch *antwortet*, indem er sich zu *ent-schuldigen* versucht. Er ist aber nicht bereit, zu seiner Tat zu stehen. Er wälzt seine Schuld auf die Frau ab und macht dabei auch Gott noch einen Vorwurf:

Die Frau, die *du* mir gegeben hast, hat mich verführt. Was kann also *ich* dafür? Die Frau ist ebenfalls nicht bereit, zu ihrer schuldhaften Tat zu stehen. Sie wälzt ihre Schuld auf die Schlange ab: Die Schlange hat mich verführt, da habe ich gegessen. Was kann also *ich* dafür? Schuld abstreiten und/oder auf andere abschieben - dieses Verhalten ist für uns Menschen typisch, sagt die alte Geschichte.

Heute ist es nicht anders, wie folgendes Beispiel zeigt: In einer Klasse ist ein Stuhl zu Bruch gegangen. Der Lehrer fragt: „Wer hat das getan?" Niemand meldet sich. Der „Täter" ist nicht bereit, seine Schuld zuzugeben.

Der Mensch kann nicht mehr in Gottes direkter Gemeinschaft leben (1. Mose 3,22-24): Bisher hat uns die Geschichte deutlich gemacht, daß die Gebotsübertretung Folgen hat: Die Menschen gehen gegeneinander auf Distanz. Das ungebrochene Vertrauensverhältnis zu Gott ist vorüber. Die Menschen bekommen Angst vor Gott und verstecken sich. Sie können vor Gott nicht die Verantwortung für ihre Tat übernehmen. Sie beschuldigen andere für ihr eigenes Versagen. Sie machen daraus sogar Gott selber einen Vorwurf. Die Harmonie zwischen Gott und Mensch ist also gestört.

Gott zieht die Konsequenz aus dieser Tatsache. Nach der alten Geschichte müssen die Menschen den Garten Eden verlassen, in dem sie vor der Gebotsübertretung in ungetrübter Gemeinschaft mit Gott gelebt hatten. Das ist jetzt vorbei. Der „Sündenfall" hat einen Bruch in das Verhältnis Gott — Mensch gebracht.

Und so erleben wir es auch heute. Wenn wir Kontakt mit Gott haben, dann geschieht das nicht direkt wie im „Garten Eden", sondern indirekt. Wir können Gott nicht sehen. Wir können mit ihm nicht von Angesicht zu Angesicht reden. Wir leben im „Glauben", nicht im „Schauen" (2.Korinther 5,7). Wir können der verborgenen Gegenwart Gottes vertrauen. Und wir können von uns aus Kontakt mit Gott halten, indem wir im Gebet mit ihm sprechen. Zu uns spricht Gott durch sein Wort, das er uns durch die Bibel und durch Menschen vermittelt, die uns sein Wort auslegen.

14. Die Folgen der Entfremdung der Menschen von Gott und ihre Überwindung

a) Das menschliche Leben ist der Vergänglichkeit unterworfen (1.Mose 2,16; 3,22)

Gott hatte nach der alten Geschichte den Menschen gesagt: Wenn ihr von dem Baum der Erkenntnis des Guten und Bösen eßt, müßt ihr sterben. Gott vollstreckt aber die Strafe nicht, sondern er läßt *Gnade vor Recht* ergehen. Er mildert die Strafe so ab, daß er den Menschen aus seiner direkten Gemeinschaft entfernt. *Doch soll der Mensch, der Gott mißtraut und ein gebrochenes Verhältnis zu ihm hat, nach Gottes Willen nicht ewig leben. Darum unterwirft Gott sein Leben der Vergänglichkeit.* Krankheiten, Leiden und Altersgebrechen sind Zeichen der Vergänglichkeit, denen wir bereits im Leben begegnen. Am Ende unseres Lebens steht der Tod.

b) Die Harmonie zwischen den Menschen selber zerbricht (1.Mose 4,1-16)

Bereits die Sündenfallgeschichte macht deutlich, daß die Menschen gegeneinander auf Distanz gehen: Sie bedecken ihre Blöße und machen sich Schurze. Wenig später beschuldigt ein Mensch den anderen. Nachdem die Menschen die direkte Gemeinschaft Gottes im Garten Eden verloren haben, wächst die Distanz gegeneinander. Bereits die der Sündenfallerzählung (1.Mose 3) folgende *Geschichte von Kain und Abel* (1.Mose 4) bringt das zum Ausdruck.

Auch diese sinnbildlich zu verstehende Geschichte will *Wesentliches über uns Menschen* aussagen: Das Menschenpaar „Adam" und „Eva" hat den „Garten Eden" (= die direkte Gemeinschaft mit Gott) verlassen. Sie bekommen zwei Kinder: „Kain" und „Abel". *„Kain"* bedeutet „Lanze": er bringt seinen Bruder um. *„Abel"* heißt in deutscher Übersetzung „Hauch": er haucht sein Leben aus. Beide halten außerhalb des Gartens (= außerhalb der direkten Gemeinschaft mit Gott) Kontakt mit Gott durch Gebet und Opfer. Auch Gott spricht mit ihnen. Als aber Gott in seiner göttlichen Freiheit das Opfer Abels annimmt, das seines Bruders Kain aber nicht, da wird Kain neidisch. Er beginnt, seinen Bruder zu hassen, und schlägt ihn tot. Das bedeutet: der Graben zwischen Menschen - sogar zwischen Geschwistern - kann so tief werden, daß einer den anderen haßt und ihm nach dem Leben trachtet.

Mord, Terrorismus, Krieg, Entführung, Erpressung oder Streit machen uns unübersehbar darauf aufmerksam, daß als *Folge* des Bruchs des harmonischen Verhältnisses zwischen Gott und Menschen nun auch die Harmonie der Menschen untereinander zerbrochen ist.

c) Die Harmonie mit der Umwelt zerbricht (1.Mose 3,16 und 19)

Das Leben der Menschen wird - verglichen mit dem harmonischen Leben im Garten Eden - mühselig. Die alte Geschichte drückt das so aus: Die Menschen müssen sich außerhalb des Gartens Eden „im Schweiße ihres Angesichts" ihr Brot verdienen. Die Frauen werden unter Schmerzen Kinder zur Welt bringen (1.Mose 3,16).

Dürrekatastrophen und Flutkatastrophen, Erdbeben und Unglücke aller Art beeinträchtigen das Leben der Menschen auf Erden erheblich. Sie weisen uns eindringlich immer wieder darauf hin, daß wir nicht im „Paradies", nicht in einer „heilen Welt", daß wir also *nicht in Gottes direkter, heilvoller Gemeinschaft* leben.

Gott hat die Menschen beauftragt, fruchtbar zu sein, die Erde zu füllen, sie sich untertan (= dienstbar) zu machen und über die Tiere des Meeres, des Himmels und die Landtiere zu herrschen (1.Mose 1,28). Die Menschen haben sich zwar durch die Übertretung von Gottes Gebot die direkte Gemeinschaft mit Gott verscherzt. *Aber an ihrem Schöpfungsauftrag hat sich dadurch nichts geändert!* Die Bibel macht das so deutlich: Adam und Eva müssen den Garten Eden verlassen. Aber sie beginnen, die Erde zu „füllen“: Kain und Abel werden geboren. Kain wird ein Bauer, der sich mit der Landwirtschaft die Erde „untertan macht“. Abel wird ein Schäfer. Er „herrscht“ also über die Tiere.

Im Laufe ihrer Entwicklung hat es die Menschheit gelernt, ihre Herrschaft über die Natur immer weiter auszubauen. „Macht euch die Erde untertan und herrscht!“ - diesen Gedanken von 1.Mose 1,28 hat man bereitwillig aufgegriffen. *Herrschen* (das bedeutet: „sich nichts sagen lassen müssen, sondern selber das Sagen haben“) möchten wir Menschen zu gerne. In Vergessenheit geriet der nachfolgende biblische Satz, daß es *zugleich* unsere Aufgabe ist, die Erde „zu bebauen und zu bewahren“ (1. Mose 2,15). Wir sollen uns die Erde untertan (= dienstbar) machen, wir sollen sie aber nicht jedem Zweck unterordnen. Wir sollen über die Tierwelt „herrschen“, wir sollen die Tiere aber nicht ausrotten. Wir sollen die Erde bebauen, wir sollen sie aber nicht zubetonieren. Wir sollen die Erde bewahren, wir sollen aber nicht Raubbau mit den Bodenschätzen treiben. Die Erde ist nicht unser Eigentum, sondern sie gehört ihrem Schöpfer: Gott. Nicht wir sind die Herren der Welt, sondern Gott ist der Herr seiner Schöpfung (Psalm 24,1). Die Menschen meinten, sie könnten die Ordnungen, die Gott der Natur eingegeben hat, ungestraft außer Kraft setzen. Wir wissen heute, daß menschliche Eingriffe in die Natur (z.B. Flußbegradigungen / Erhitzung der Flüsse durch Kraftwerke, die mit Flußwasser gekühlt werden) sowie die Industrialisierung zu einer Umweltschädigung geführt haben, daß künftiges Leben auf dieser Erde überhaupt belastet ist. In vielen Flüssen und Seen können kaum noch Fische leben, weil sie zu wenig Sauerstoff enthalten oder auf andere Weise verseucht wurden. Die Luft ist durch Abgase so verschmutzt, daß ganze Wälder krank sind oder absterben, weil sie die mit dem Regen herunterkommenden Schadstoffe nicht mehr verkraften können. Der Mensch, der das Leben auf dieser Erde ohne Gott selbstherrlich regeln zu können meint, hat es inzwischen so weit gebracht, daß er alles zukünftige Leben auf Erden durch Umweltbelastung (Ozonloch!) oder durch Überrüstung mit chemischen und atomaren Waffen in Frage stellt. Vor ganz neue Fragen stellt uns die Gentechnologie, die das Leben von Pflanzen, Tieren und Menschen nachhaltig verändern wird.

. Die enorme Entwicklung der modernen Biologie . . .

. . . stößt bei vielen Menschen auf Bedenken.

d) „Welt ging verloren - Christ ward geboren“

Die Bibel macht uns gleich auf ihren ersten Seiten deutlich:

- Der Mensch hat von Gott die Freiheit erhalten, mit Gott oder gegen Gott zu leben.
- Der Mensch möchte gerne von Gott unabhängig sein. Darum übertritt er Gottes Gebot.
- Der Ungehorsam des Menschen gegenüber Gott führt zu einem Bruch im Verhältnis Gott-Mensch. Der Mensch verscherzt sich das direkte Zusammenleben mit Gott. Er kann nur noch im Glauben Kontakt mit Gott haben.

- Ohne Gottes direkte Gemeinschaft geht auch die Harmonie der Menschen untereinander in die Brüche (Kain und Abel).
- Von Gott getrennt muß der Mensch ein mühseliges Leben führen, das mit dem Tod endet. Das harmonische Verhältnis des Menschen zu seiner Umwelt ist ebenfalls gestört.

Bin ich es nicht, der Himmel und Erde füllt? spricht der Herr. *Jeremia 23,24*

Der Mensch ist ohne Gott *„verloren"*, wie der Sohn im *Gleichnis vom verlorenen Sohn* (Lukas 15,11-24). Wie dem „verlorenen Sohn" geholfen wird, indem er zu seinem Vater (= zu Gott) zurückkehrt, so hilft Gott auch *uns* dadurch, daß er uns in seine Gemeinschaft zurückruft. Wenn wir wieder *mit Gott dem Schöpfer im Glauben leben*, dann werden wir Gott auch ernst nehmen und seine Gebote beachten. Wenn wir mit Gott dem Schöpfer leben, dann werden wir auch seine Geschöpfe wie auch die Natur achten. Nächstenliebe und Umweltschutz werden für uns zu Selbstverständlichkeiten.

Die Sündenfallgeschichte des Alten Testaments sagt uns: Wir Menschen wollen gerne von Gott unabhängig sein. Das Neue Testament verkündigt uns die *Frohe Botschaft von Jesus Christus: Er wurde geboren, um uns Menschen wieder mit Gott zusammenzubringen.* Wie es im Weihnachtslied „O du fröhliche" in der zweiten Strophe heißt: „Christ ist erschienen, uns zu versühnen." Christus will uns von Gott entfremdete Menschen also mit Gott versöhnen. Darum sprach er immer wieder von Gott, dem *barmherzigen himmlischen Vater, der uns - seine Menschenkinder - liebt.* Wer von dieser Botschaft ergriffen ist, der faßt Vertrauen zu Gott. Er mißtraut Gott nicht länger und will ihm nicht mehr davonlaufen. Er will nicht mehr ohne Gott leben. Er wird sich bemühen, Gottes Gebote zu beachten, weil sie dem harmonischen Zusammenleben mit Gott und den anderen Menschen dienen.

Arnold

15. Gott kommt als Mensch zu seinen Menschenkindern

a) Jesus soll die Welt retten, nicht richten

Schlagzeilen und Schreckensmeldungen, wie sie oben zu finden sind, machen uns immer wieder deutlich, daß wir in einer unharmonischen, unheilvollen Welt leben. Die Menschen reagieren sehr unterschiedlich auf diese bedrückende Seite unseres irdischen Lebens. Viele schließen Augen und Ohren zu und nehmen das Böse in dieser Welt einfach nicht zur Kenntnis. Andere nehmen die unheilvolle Seite der Welt wahr. Sie machen daraus allerdings Gott einen Vorwurf und sagen: „Wie kann *Gott* das alles zulassen? Wenn es Gott gäbe, dann würde er doch Ungerechtigkeit, Hunger, Krieg und Leid beenden. Weil er es nicht tut, darum gibt es ihn nicht. Darum glauben wir nicht an Gott." Diese Menschen sehen Gott als den *großen Weltpolizisten* an, der uns Menschen nicht Freiheit zu verantwortlichem Handeln gibt, sondern der als der große Rächer oder als der Verhinderer von Ungerechtigkeit und Leid aufzutreten hat. Was das bedeuten würde, mögen die folgenden Beispiele veranschaulichen:

● Gott müßte den Mörder, der das Messer zum Stoß erhoben hat, am Herzschlag sterben lassen. ● In dem Raum, in dem eine Regierung zusammenkommt, um darüber nachzudenken, wie man am besten einen Krieg gegen den kleineren Nachbarstaat durchführen könnte, in diesem Raum müßte Gott die Decke einstürzen lassen, um die Regierungsmitglieder an ihrem bösen Tun zu hindern. ● Den jungen Mann, der einem Mädchen eine unehrliche Liebeserklärung macht, weil er mit ihr nur ins Bett gehen will, müßte er mit plötzlichem Unwohlsein oder dergleichen „außer Gefecht setzen".

Wir wissen aus Erfahrung, daß Gott in solcher Weise nicht handelt. Wenn er so auf menschliche Fehler reagieren würde, wäre niemand von uns seines Lebens mehr sicher. Denn Sünder sind wir alle. Gegen Gottes Gebote verstößt jeder von uns täglich mehrfach. Weil Gott uns Menschen *liebt*, darum geht er einen *anderen Weg*, um das Unheil dieser Welt zu überwinden. *Er sendet seinen Sohn Jesus Christus und ruft uns durch ihn in seine Gemeinschaft:* „Denn so sehr hat Gott die Welt geliebt, daß er seinen einzigen Sohn dahingab, damit alle, die an ihn glauben, nicht verlorengehen, sondern das ewige Leben haben" (Johannes 3,16).

In seiner Gemeinschaft will Gott uns zu Menschen machen, die anderen Menschen und dieser Welt zum Segen werden: Menschen sollen wir bei ihm werden, die die Worte „Liebe" und „Frieden" nicht nur im Munde führen, sondern auch danach handeln. Christus will uns in seiner *„Schule des Glaubens"* zu friedfertigen und liebevollen Menschen erziehen: Wer durch die Beschäftigung mit seinen Worten und Taten mehr Verständnis für andere Menschen gewonnen hat, der wird beispielsweise einen spürbaren Betrag für eine Hilfsorganisation geben, die das Hungerelend in der Welt bekämpft (z.B. „Brot für die Welt") oder Leprakranken und Erblindeten hilft (z.B. die „Christoffel-Blindenmission"). Er wird sich also nicht damit herausreden: „Wie kann *Gott* das zulassen?", sondern er wird durch die Glaubensschule Christi zu einer selbstkritischen Einstellung und Verhaltensweise befähigt: „Wie kann *ich* es zulassen, daß es so viele Hungernde in dieser Welt gibt? Kann *ich* nicht irgendwo etwas dagegen tun?"

Indem Christus uns mit seiner Menschenliebe zu liebevollem Verhalten ansteckt, überwindet er den Haß und die Friedlosigkeit dieser Welt *in* uns und auch *durch* uns. So rettet Gott diese Welt: Er sendet Christus nicht als Rächer, sondern als *Retter* unter seine Menschenkinder. Viele Menschen kommen damit nicht klar, daß Gott so anders auf die Not und das Elend dieser Welt reagiert, als sie es erwarten. Sie halten an ihrem Bild von Gott, dem Weltpolizisten, fest. Wenn sie dann aber erfahren, daß Gott nicht als Richter und Rächer handelt, dann korrigieren sie ihr falsches Gottesbild nicht, sondern sie zweifeln an „Gott". Sie zweifeln zu Recht. Diesen „Gott", diesen Weltpolizisten gibt es in der Tat nicht.

Die Bibel sagt: Gott ist der Vater Jesu Christi. Er sendet Christus, seinen Sohn, als *Mensch zu uns Menschen.* Er begegnet uns also menschlich, damit wir Menschen seine Nähe verkraften und seine Worte und Taten *verstehen* können. Er kommt zu uns also nicht in der Fülle seiner göttlichen Allmacht - die könnten wir Menschen nicht ertragen - , sondern er kommt als Mensch zu uns. So überwindet Gott selber die Distanz, die uns Menschen von ihm trennt - zu unserer Rettung: „Denn Gott hat seinen Sohn *nicht* in die Welt gesandt, damit er die Welt *richte, sondern* damit die Welt durch ihn *gerettet* werde" (Johannes 3,17). Wir Glaubenden freuen uns darüber, daß Gott uns so und nicht als der rächende Weltpolizist gegenübertritt, vor dem wir Angst haben müssen. Er begegnet uns nicht als der Rachegeist, der uns vernichten will, sondern er kommt zu uns als der Liebende, der uns mit seiner Liebe anstecken und verändern möchte.

b) Jesus wird in Bethlehem geboren

Alle Jahre wieder feiern wir zu Weihnachten die Geburt Jesu, der in der Davidstadt Bethlehem geboren wurde (Lukas 2,4). Bethlehem war nicht irgendeine Stadt in Judäa, sondern eine ganz besondere. Sie war der Geburtsort König Davids (1.Samuel 16; darum heißt sie in Lukas 2, 11 „Stadt Davids"). Aus Bethlehem sollte der Messiaskönig, der „Christus" kommen (Matthäus 2,1-6).

So hatte es der Prophet Micha angekündigt: „Und du, Bethlehem ..., aus dir soll mir der kommen, der in Israel Herr sei, dessen Ausgang von Anfang und von Ewigkeit her gewesen ist“ (Micha 5,1). Dieses Wort weist uns auf ein *göttliches Geheimnis* hin, das mit dem Kommen dieses „Herrn“ verbunden ist. Denn es wird von ihm so gesprochen, wie man eigentlich nur von Gott selber reden kann: Er ist „von Anfang und von Ewigkeit her gewesen“. Auch der Prophet Jesaja spricht im Zusammenhang mit seiner Geburt wie von Gott selber: „Denn uns ist ein Kind geboren, ein Sohn ist uns gegeben, und die Herrschaft ruht auf seiner Schulter; und er heißt Wunder-Rat, Gott-Held, Ewig-Vater, Friede-Fürst“ (Jesaja 9,5).

Das für den menschlichen Verstand unerklärliche Geheimnis der Geburt Jesu Christi, in dem Gott selber als Mensch zu uns kam, wird im Neuen Testament mit der *Weihnachtsgeschichte* (Lukas 2,1-20; Matthäus 1,18-25) bezeugt. Dieses Zeugnis ging dann in das apostolische Glaubensbekenntnis ein: „Empfangen durch den Heiligen Geist, geboren von der Jungfrau Maria.“ *Martin Luther* hat dieses Geheimnis der Person Jesu in seiner Erklärung des Glaubensbekenntnisses so zum Ausdruck gebracht: „Ich glaube, daß Jesus Christus, *wahrhaftiger Gott*, vom Vater in Ewigkeit geboren, und auch *wahrhaftiger Mensch*, von der Jungfrau Maria geboren, sei mein Herr.“

❶

Krippe mit Tieren:

Welche Tiere wirklich bei der Geburt Jesu dabeiwaren, wissen wir nicht. Von einigen der hier vorgestellten 14 Tierarten läßt sich aber mit Sicherheit sagen, daß sie nicht dabei gewesen sein können. Denn sie werden nirgends in der Bibel erwähnt und kommen in Israel nicht vor.

Welche Tiere sind das?

❷

Krippe mit Menschen aus der Bibel:

Eine eigenartige Versammlung. Drei der Figuren kommen zwar in der Bibel vor, aber nicht in der Weihnachtsgeschichte (Lukas 2,1-20).

Wer wurde hier eingeschmuggelt?

16. Das Leben in Palästina zur Zeit Jesu

a) Das Leben in Nazareth

Gott kommt als Mensch zu seinen Menschenkindern: Jesus wird von seiner Mutter Maria geboren. Er wächst bei seinen Eltern in *Nazareth* auf, zusammen mit seinen Geschwistern (Markus 6,3). Nazareth ist ein kleiner Ort im jüdischen Gebiet *Galiläa* (siehe die Karte [☞]). Die Gegend ist bergig, so daß man gute Ausblicke über das Land hat.

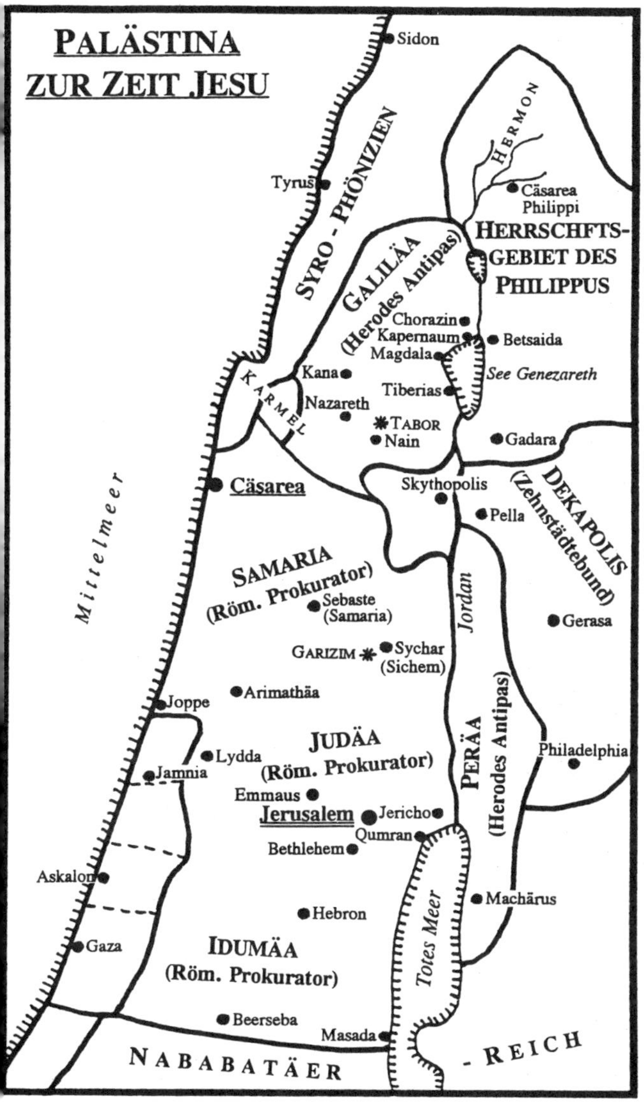

Die Menschen von Nazareth sind überwiegend einfache Leute. Sie verdienen sich ihren Lebensunterhalt mit *Landwirtschaft*. Große Felder wie bei uns gibt es im galiläischen Bergland nicht. Kleine Äcker werden an den Berghängen bestellt. Mit der Hand wird die Saat ausgesät, mit der Hand wird das reife Getreide dann zur Erntezeit geschnitten und weiterverarbeitet. Die Äcker sind über und über mit Steinen besät. Hier und dort wächst Dorngestrüpp. Die Steine darf man nicht absammeln, denn sie bewahren den Boden vor dem Austrocknen in der sengenden Sonne. In Palästina regnet es nämlich nur im Winter, während es fast ein Dreivierteljahr lang trocken ist. Auch das Gestrüpp läßt man stehen, weil es dem Erdboden Halt gibt (vgl. Markus 4,2-9). Überall sieht man silbriggrüne Ölbäume, von denen Oliven geerntet werden. Man kann diese Früchte essen oder ein schmackhaftes Öl daraus gewinnen. Viele Menschen in Nazareth halten sich Schafe oder Ziegen, die die Berghänge nach Futter absuchen.

Wer nicht in der Landwirtschaft arbeitet, verdient sich sein Brot z.B. mit einem *Handwerk* wie der Bauhandwerker Josef. Er hat in Nazareth eine Zimmermannswerkstatt (Matthäus 13,55). Hier hat Jesus, wie wir in den Evangelien nebenbei erfahren, das Zimmermannshandwerk gelernt (Markus 6,3). Die Werkstatt ist in dem Haus untergebracht, in dem die Familie Josefs lebt. Betten, Tische und Stühle, wie wir sie kennen, gibt es nicht. Das Leben - auch das Schlafen - spielt sich auf dem Fußboden ab. Man versammelt sich zum Essen auf dem Boden um einen niedrigen Tisch herum. Die *Speise* ist einfach und nahrhaft: flach gebackene Brotfladen bilden die Grundlage einer Mahlzeit. Dazu gibt es Oliven, Gemüse und auch Obst. Gerne wird Geflügel oder Fisch (aus dem nahe gelegenen See Genezareth) gegessen. Fleisch (vom Lamm) wird eine besondere Speise für Feste gewesen sein (Markus 14,14). Verachtet wird Schweinefleisch (5.Mose 14,8). Zu trinken gibt es Milch von Ziegen, Säfte, Wasser oder Wein, der an den Berghängen angebaut wird.

Ruine der Synagoge von *Kapernaum*. An diesem Ort hat Jesus lange Zeit gewirkt.

Jesus wird wie die anderen jüdischen Kinder zur Schule, das heißt in die „*Synagoge*" gegangen sein. In den Synagogen - sie sind unseren Kirchen vergleichbar - versammelten sich die Juden zum Gottesdienst. In der Synagoge unterrichtete der „Rabbi" (= Lehrer) die Kinder im Verständnis der Bibel. Hier lernte Jesus das Alte Testament kennen (das Neue Testament, das ja von ihm selber handelt, gab es noch nicht). Wie wir bald sehen werden, verstand Jesus *Gott* von den biblischen Schriften her aber *anders* als die Menschen, die sich in seiner Zeit gründlich mit dem Studium der Bibel beschäftigten: die Schriftgelehrten, die Pharisäer und die Priester.

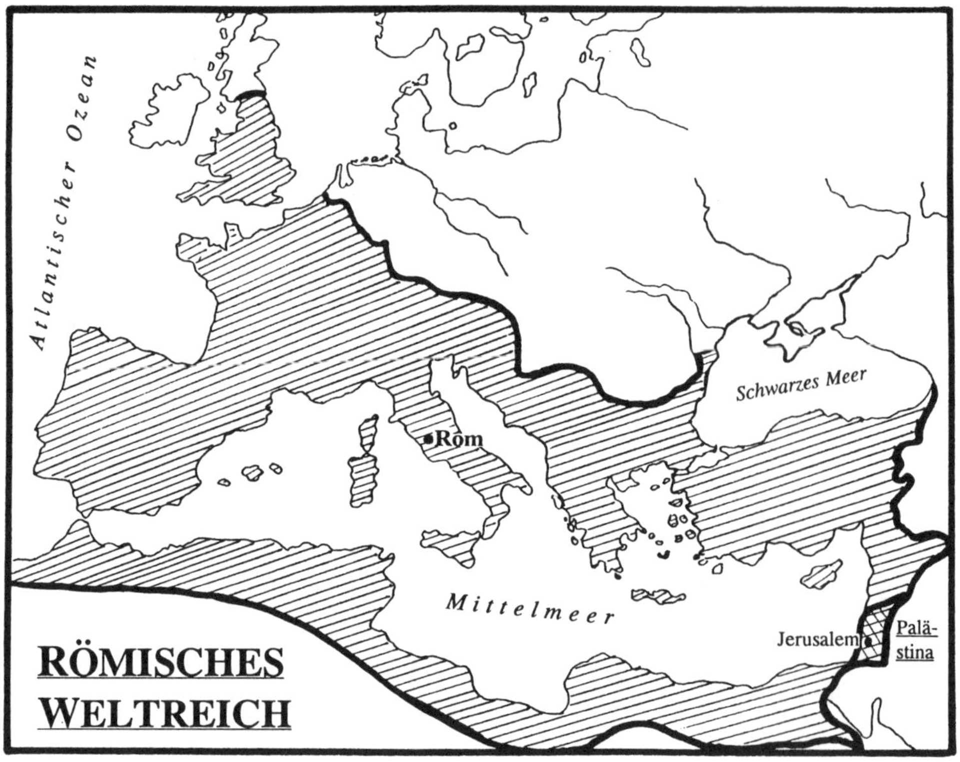

b) Zur Zeit Jesu stand das jüdische Volk unter römischer Vorherrschaft

Als Jesus in Nazareth aufwuchs, war *Palästina* - das Land, in dem die Juden wohnten - ein unfreies, besetztes Land. Die *Römer*, die den größten Teil der damals bekannten Welt unter ihrer Kontrolle hielten, hatten auch das jüdische Land erobert. Palästina wurde ihrem *Weltreich* eingegliedert (siehe die Karte [⇧]). Als Jesus geboren wurde, war *Kaiser Augustus* Herrscher dieses riesigen Reichs. *Quirinius* war der oberste Beamte des Kaisers in Palästina, der „Statthalter" (Lukas 2,2). Als Jesus etwa dreißig Jahre später gekreuzigt wurde, übte *Pontius Pilatus* dieses Amt aus (Johannes 19,12).

Die Juden litten unter der römischen Vorherrschaft wie jedes Volk, das von einem anderen beherrscht wird. Aber sie nahmen die römische Oberhoheit nicht ohne Protest, ja nicht widerstandslos hin. Viele jüdische Männer kämpften im Untergrund als Partisanen gegen die Römer. Es war für die Juden nämlich ein starker Anstoß, daß ihre römischen Oberherren *Heiden* waren. Die Römer beteten ja nicht zum alleinigen Herrn der Welt, dem Gott Israels, sondern sie dienten ihren Göttern: Jupiter, Mars, Venus, Diana usw. Besonders unerträglich war den Juden, daß die Römer ihren *Kaiser* als *Gott* verehrten. Sie errichteten ihm Tempel, beteten ihn an und brachten ihm Opfer dar. Das war den Juden ein Greuel. Wie kann ein *Mensch* göttliche Würden beanspruchen?!

Römischer Adler (Rockefeller-Museum, Jerusalem)

Deshalb beteten die Juden darum, daß Gott die heidnischen Herren aus ihrem Lande vertreiben möchte. Voller Sehnsucht warteten sie darauf, daß Gott ihnen einen *Befreier* sendete, der die heidnische Herrschaft beseitigen und endlich Gottes Herrschaft aufrichten würde. Dieser Befreier - der *„Messias" (= „Christus")* - sollte das jüdische Volk sammeln und in einem Feldzug siegreich gegen die Römer führen. Er sollte das Reich Gottes auf Erden errichten, in dem es für Heiden keinen Platz gab. Viele Juden warteten sehnsüchtig auf den Retter, den Befreier, den Messiaskönig.

c) Jesus tritt an die Öffentlichkeit

Als erwachsener Mann trat Jesus - ungefähr 30 Jahre alt (Lukas 3,23) - an die Öffentlichkeit. Mit Ausnahme der Geschichte vom 12jährigen Jesus im Tempel (Lukas 2,41-52) haben die Evangelien kein Interesse daran, das Werden und Reifen Jesu bis zur Zeit seines öffentlichen Auftretens zu schildern. Sondern sie berichten für ihre Leser und Hörer nur von den *Taten und Worten Jesu*, und zwar eben *von der Zeit seines öffentlichen Wirkens an*. Da trat Jesus in der Kraft des Heiligen Geistes auf (Lukas 4,14) und ließ sich von Johannes dem Täufer im Jordan (siehe das Bild [⇩]) taufen (Markus 1,9-11). Im nördlichen Teil seines Landes - in Galiläa - begann er, zu seinen Landsleuten zu predigen (Markus 1,14-15). Seine Predigten und seine Lehre erregten Aufsehen, „denn er lehrte mit Vollmacht" (Markus 1,22).

Weil die Evangelien auch nichts über Jesu äußere Gestalt mitteilen, können wir nur vermuten, daß er genauso ausgesehen hat wie seine Zeitgenossen: Er wird schwarze Haare und einen dunklen Bart getragen haben. Dunkelbraune Augen prägten seinen Gesichtsausdruck. Seine Kleidung dürfte der ähnlich gewesen sein, die wir von Arabern her (aus dem Fernsehen) kennen. An den Füßen trug Jesus Sandalen, während ein helles Tuch auf dem Kopf ihn vor den Strahlen der Sonne schützte.

Ein Kind wird vermißt

Im Alter von zwölf Jahren bereitet Jesus seinen Eltern ein wenig Sorgen: Auf der Heimreise vom Jerusalemer Tempel ist er plötzlich verschwunden. Wo steckt er? Sachdienliche Hinweise gibt Lukas in seinem Evangelium am Ende des zweiten Kapitels.

17. Jesus lädt uns Menschen in Gottes Reich ein

a) Gottes Reich bricht mit Jesu Auftreten an

Jesus hat sehr viel vom *Reich Gottes* oder - was dasselbe ist - vom *Himmelreich* gesprochen. In einem Königreich regiert der König. Da hat er das Sagen. Er herrscht über die Bürger seines Reichs. Im Reich Gottes regiert Gott. Da hat Gott das Sagen. Da geschieht sein Wille. Da herrscht er über die „Bürger des Reiches Gottes" (das sind die Glaubenden), die sich *freiwillig* nach ihm richten. Indem sie z.B. seine Gebote halten und Gott und ihre Mitmenschen lieben.

Wie ein Bauer in der Hoffnung auf gute Ernte Samen auf das Land streut, so zog Jesus von Ort zu Ort und brachte Gottes Wort in seinen Predigten wie Samenkörner unter seine Mitmenschen (vgl. Markus 4,1-10.13-20). Den *Grundgedanken* der Predigt Jesu hält Markus 1,15 fest: „Die Zeit ist erfüllt, und das Reich Gottes ist herbeigekommen. Tut Buße und glaubt an das Evangelium!" Etwas anders ausgedrückt: „Es ist soweit. Jetzt will Gott sein Reich aufrichten. Ändert euer Leben und glaubt dieser guten Nachricht!"

Der Sinn dieser Worte Jesu ist folgender: Gott will sein Reich aufrichten, um Leid und Not dieser Welt zu überwinden. Denn wo er regiert, wo sein Wille geschieht, da werden Haß und Unfriede überwunden. Da laufen die Menschen Gott nicht mehr davon. Da macht niemand so weiter wie bisher und denkt z.B. nur an sich selber, egal, wie es anderen Menschen geht. Wo Menschen sich der guten Nachricht vom Anbruch des Reiches Gottes öffnen, da ändern sie ihre Anschauung von Gott. Sie geben ihr Bild von Gott dem Weltpolizisten, von Gott dem bösen Rächer und strengen Richter auf. Sie erwarten nicht mehr, daß Gott mit Zauberei, „göttlichen Tricks" und Wundern gegen die Not dieser Welt einschreitet. Menschen, die dem *Evangelium (= der guten Nachricht)* glauben, schreiben Gott nicht länger vor, wie er sich zu verhalten hat. Sie akzeptieren Gottes Weg zur Rettung dieser Welt: Gott kommt als *Mensch* zu uns. Jesus wird in Bethlehem geboren. Er wächst in Nazareth auf und beginnt - ein Mann geworden - zu predigen und Menschen in Gottes Gemeinschaft zu rufen. Wer sich Jesu Ruf öffnet und Glauben an Gott gewinnt, für den bricht Gottes Reich an. Er wird Bürger dieses Reichs.

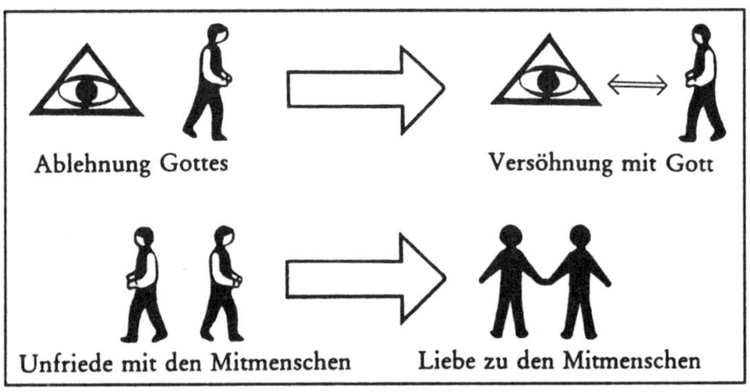

Das alles geschieht im stillen, im verborgenen, *ohne außergewöhnliche Umstände*, genauso, wie es Jesus gesagt hat: „Das Reich Gottes kommt nicht so, daß man es beobachten kann; man wird auch nicht sagen: Siehe hier ist es! oder: Da ist es! Denn siehe, das Reich Gottes ist mitten unter euch" (Lukas 17,20-21). Durch Jesus selbst ist Gottes Reich mitten unter uns Menschen gekommen, doch ohne auffällige Begleiterscheinungen, ohne daß es jeder sofort erkennen kann. Im *glaubenden Vertrauen* auf Jesu Worte werden wir Bürger dieses Reichs. In der „Glaubensschule Jesu" sollen wir dann zu Gott vertrauenden, friedfertigen und liebevollen Menschen werden (siehe S.45 oben).

b) Gottes Reich bricht an: Menschen finden zu Gott

Jesus hatte nach seinem ersten Auftreten 12 Jünger (= Schüler) um sich gesammelt, mit denen er durch das jüdische Land zog. Sie hörten genau zu, wenn Jesus zu den Leuten von Gott sprach. Manchmal lehrte Jesus sie auch, ohne daß andere Leute dabei waren. Jesus erzählte ihnen gerne *Gleichnisse*, das heißt *Vergleichsgeschichten*, um ihnen klarzumachen, wie es in Gottes Reich zugeht. Mit zwei kleinen Gleichnissen wollte Jesus seinen Jüngern verdeutlichen, wie Menschen in Gottes Reich hineinfinden. Diese Vergleichsgeschichten bedürfen jeweils der Deutung.

Das Gleichnis von dem Kaufmann, der die „Perle seines Lebens" fand (Matthäus 13,45-46): „Mit dem Himmelreich (= Reich Gottes) verhält es sich wie mit einem Kaufmann, der gute Perlen suchte, und als er *eine* kostbare Perle fand, ging er hin und verkaufte alles, was er hatte, und kaufte sie". Mit diesem Gleichnis will Jesus folgendes zum Ausdruck bringen:

Es gibt Menschen, die sind in ihrem Leben lange auf der Suche nach Gott, wie etwa ein Kaufmann herumreist und nach besonders schönen Perlen Ausschau hält. Wenn dann jemand bei seinem Suchen zum Glauben, das heißt in Gottes Gemeinschaft findet, dann ist das so ähnlich wie bei dem Kaufmann, der die „Perle seines Lebens" suchte und fand. Sie wird ihm das Wichtigste, alles andere wird ihm zweitrangig. Von allem anderen trennt er sich, wenn er nur diese eine Perle erwerben kann. So ist es auch bei einem Menschen, der zum Glauben an Gott findet. Alles, was ihm sonst im Leben ganz wichtig war - ein tolles Auto - gutes Essen - schönes Wohnen - Hobbys - Ansehen vor Menschen usw. - , all das rückt an die zweite Stelle. Gott wird die „Nummer 1" in seinem Leben. Er freut sich darüber, daß er in Zukunft und in der Ewigkeit in Gottes Gemeinschaft leben darf. Güter, die ihm bis dahin ganz wichtig waren, wird er jetzt *dankbar aus Gottes Hand* nehmen. Er wird sich darüber freuen, daß Gott mit all diesen Dingen sein Leben erhält und bereichert.

Das Gleichnis vom Schatz im Acker, den ein Mensch zufällig fand (Matthäus 13,44): „Mit dem Himmelreich (= Reich Gottes) verhält es sich wie mit einem Schatz, verborgen in einem Acker, den ein Mensch fand und verbarg; und in seiner Freude ging er hin und verkaufte alles, was er hatte, und kaufte den Acker" - und damit den Schatz.

Mit diesem Gleichnis will Jesus folgendes sagen: Es gibt Menschen, die finden in ihrem Leben ganz „zufällig" in Gottes Gemeinschaft, wie ein Landarbeiter zufällig beim Pflügen eine Schatzkiste im Acker fand. Und wie er seinen ganzen Besitz hingibt, um den Acker (mit dem Schatz) kaufen zu können, so wird auch die Erfahrung der Gemeinschaft Gottes für einen Menschen das Wichtigste in seinem Leben. Alle bisherigen Werte und Lebenserfahrungen verblassen gegenüber der Freude, die der Glaube an Gott in einem Menschen auslösen kann.

Vergleich der beiden Gleichnisse miteinander: Jesus stellt mit beiden Gleichnissen dar, auf welch unterschiedliche Weise Menschen in das Reich Gottes hineinfinden können. Er nennt zwei grundverschiedene Menschentypen: den „Sucher" und den „zufällig Findenden". Der *„Sucher"* macht sich viele Gedanken um Gott, die Welt, den Sinn des Lebens, auch den Sinn seines eigenen Lebens. Er findet zum Glauben an Gott. Damit hat seine suchende Unruhe ihr Ziel gefunden. - Der *„zufällig Findende"* hat sich in seinem Leben nicht weiter um Gott gekümmert. Er lebt so dahin. Plötzlich tritt ihm Gott entgegen, wie unterschiedlich im Einzelfall diese Begegnung auch aussehen mag. Dabei findet dieser Mensch zum Glauben an Gott. Auch er wird mit Freude erfüllt, daß sein Leben nun Richtung und Ziel gefunden hat. Mit diesen beiden Gleichnissen sagt Jesus uns: Gott hält die Hand seiner Gemeinschaft *jedem* hin: dem suchenden Menschen wie auch dem gleichgültigen. Wichtig ist, daß wir Menschen Gottes Hand auch *ergreifen*, wenn Gott in unser Leben tritt. Daß wir Gottes Hand *festhalten*, daß wir uns zu Gott mit unserem Leben *be*kennen, weil wir *er*kennen: In unserem Leben kann nichts wichtiger sein als Gott selber. So entsprechen wir dem 1. Gebot: „Ich bin der Herr, dein Gott. Du sollst nicht andere Götter haben neben mir."

»Wie wundervoll, dieser enorme geistliche Reichtum der fremden Religionen.«

c) Menschen lehnen Gottes Ruf ab (Lukas 14,16-24)

Gott zwingt niemanden in seine Gemeinschaft. Der Kaufmann und der Landarbeiter verkauften *freiwillig*, was sie hatten, um die „kostbare Perle“ oder den „Schatz im Acker“ zu erwerben. So sehr freuen sie sich über die Erfahrung von Gottes Gemeinschaft in ihrem Leben. Gott wird ihnen wichtiger als alles andere, das vorher ihr Leben bestimmt hat. Mit dem ***Gleichnis vom großen Gastmahl (Lukas 14,16-24)*** sagt Jesus, daß längst nicht alle Menschen dem Ruf Gottes in seine Gemeinschaft folgen: Gott lädt uns Menschen in seine Gemeinschaft ein, wie ein Hausherr zu einem Gastmahl einlädt. Aber es gibt Menschen, die *mit bestimmten Entschuldigungen* - das Gleichnis nennt den Kauf eines Ackers, den Kauf von Ochsengespannen und die Flitterwochen - *die Einladung Gottes ausschlagen*. So geschieht es auch heute: „Ich kann nicht in den Gottesdienst kommen, weil ich kochen muß.“ „Ich kann nicht zur Kirche gehen, weil ich wenigstens einmal in der Woche ausschlafen muß.“ „Ich habe keine Zeit für Gott (zum Gebet - zum Bibellesen - zum Glaubensgespräch), weil ich arbeiten muß, ... weil ich so viele Hobbys habe.“ Wer alle diese Dinge (regelmäßig) gegen Gott ausspielt, der zeigt, was ihm wichtig und was ihm unwichtig ist. Wenn er ehrlich wäre, dann müßte er eigentlich sagen: „Gottes Gemeinschaft interessiert mich nicht. Der Schlaf am Sonntagmorgen ist mir wichtiger (usw.).“

Anders verhalten sich in dem Gleichnis alle die Menschen, die Probleme haben, bei denen im Leben nicht alles glatt verläuft: z.B. die *Blinden*, die *Armen*, die *Lahmen* und die *Obdachlosen*. Diese *Bedürftigen* nehmen die Einladung in Gottes Gemeinschaft und Reich *gerne* an, denn sie begreifen: *Wir brauchen Gott*. „Blinde“ brauchen Orientierung für ihr Leben; „Arme“ werden durch Gottes Gemeinschaft reich; „Lahme“ kommen durch den Glauben neu in Bewegung, und „Obdachlose“ finden bei Gott Heimat und Geborgenheit. Wenn ich für mich persönlich sagen kann: „Ich brauche Gott für mein Leben“, dann werde ich Gott nicht davonlaufen; dann werde ich mich nicht vor ihm „verstekken“ (vgl. 1.Mose 3,8). Dann werde ich gerne seinem Ruf folgen und in seiner Gemeinschaft mein Leben verbringen.

Dazu wurde Jesus geboren, daß er uns Menschen in Gottes Gemeinschaft ruft, wie der Knecht in dem Gleichnis die Einladung Gottes an die Menschen weitergibt. Auch wir sind dazu berufen, am „Gastmahl“ teilzunehmen, das heißt Bürger des Reiches Gottes zu werden: jetzt im irdischen Leben, und danach in der Ewigkeit, wenn Gott aus der Verborgenheit heraustritt und uns Menschen offenbar macht, daß er allein Gott und Herr seiner Schöpfung ist.

Polizei alarmiert!

Nachbarn hatten die Polizei gerufen, da bei dem Gartenfest ihres Nachbarn zwielichtige Gestalten auftauchten. Der Alarm stellt sich als unbegründet heraus: Alle waren mit dem Einverständnis des Gastgebers da. Wer kann die Geschichte - ein Gleichnis Jesu in Lukas 14 - in der richtigen Reihenfolge rekonstruieren?

18. Mit seiner Predigt von Gottes Barmherzigkeit will Jesus uns die Angst vor Gott nehmen

a) Menschen haben Angst vor Gott

So wie sich viele Menschen heute Gott als den großen Weltpolizisten vorstellen, vor dem man eigentlich nur Angst haben kann (siehe S.44-45), so mangelte es auch den religiösen Führern zur Zeit Jesu an liebendem Vertrauen zu Gott: Die *Pharisäer* und *Schriftgelehrten* dachten: Gott ist ein strenger Richter. Nur die Menschen können in seinem Gericht bestehen, die seine Gebote halten.

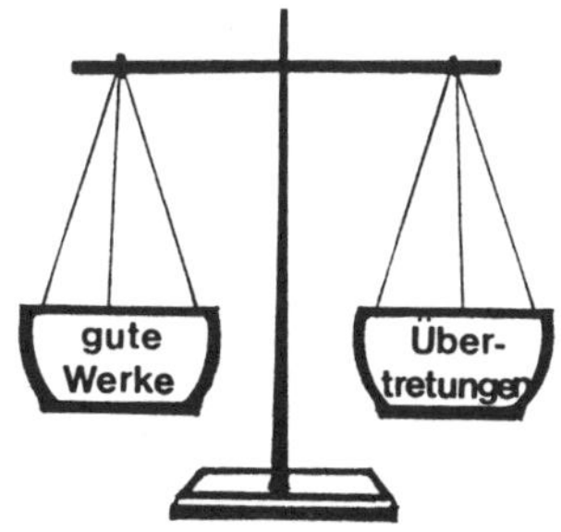

Die *Hohenpriester* sagten: Gott liebt nur die Menschen, die ihm im Tempel Opfer darbringen. Wer die Gebote nicht ausreichend hält oder den Opferdienst vernachlässigt, der muß nach ihrer Überzeugung Angst vor Gottes Zorn und Strafe haben.

Große Angst vor Gott steht auch hinter der Äußerung eines Kindes, das aufschreiben sollte, wie es sich Gott vorstellt:

„Der liebe Gott - das ist einer, der auf uns Menschen aufpaßt. Wenn wir etwas stehlen oder sonst was tun, was er in seinen Geboten verboten hat, dann wird der liebe Gott sauer und bestraft uns: Daß wir krank werden oder eine schlechte Arbeit schreiben. Wenn wir mit dem lieben Gott schimpfen, dann wird er sich rächen und uns noch doller strafen."

Dieses Kind spricht zwar vom „lieben Gott", aber es ist ein böser und strafender Gott, an den es glaubt.

b) Jesus sagt: Habt keine Angst vor Gott, denn er liebt euch (Matthäus 18,21-35)

Jesus versteht Gott ganz anders als die Pharisäer, Schriftgelehrten und Hohenpriester. Mit allem, was er uns von Gott verkündigt, widerspricht er ihren Anschauungen. Wohl sagt auch Jesus, daß wir Menschen Gott für unsere Lebensführung verantwortlich sind. Er weiß auch, daß wir Sünder, gottesferne Menschen sind, die Gottes Gebote mißachten. *Aber er nimmt uns die Angst vor Gott.* Er sagt: Gott hat euch lieb, auch wenn ihr nicht nach seinen Geboten lebt; auch wenn ihr nicht opfert. Ihr dürft zu Gott kommen, so wie ihr seid, mit euren Fehlern und Schwächen. Gott macht euch daraus keinen Vorwurf. Er vergibt euch, was auch immer euch von ihm trennt. Denn er ist barmherzig.

„Laßt uns lieben, denn er hat uns zuerst geliebt"
(1.Johannes 4,19)

Wieder sagt Jesus dieses mit einem Gleichnis, und zwar mit dem ***Gleichnis vom barmherzigen König und seinem unbarmherzigen Knecht (Matthäus 18,21-35):*** Da muß sich ein Knecht (= ein Mensch) vor seinem König (= Gott) für seine Arbeit (= seine Lebensführung) verantworten. Es stellt sich heraus, daß dieser Verwalter dem König gegenüber große Schuld(en) auf sich geladen hat. In seiner grenzenlosen Liebe und Barmherzigkeit nimmt der König dem Knecht die Angst vor seinem strafenden Urteil und vergibt ihm seine Schuld(en) völlig. Er erwartet allerdings, daß der Verwalter die erfahrene Liebe an seine Mitmenschen weitergibt.

Jesus will uns Menschen mit diesem Gleichnis die Angst vor Gott nehmen. Gottes Barmherzigkeit gilt *uns nicht weniger* als dem Verwalter. Gott vergibt uns unsere Schuld, wie er sie dem Verwalter vergeben hat. Nun glaubt seiner Barmherzigkeit und vertraut der Liebe Gottes. Und gebt seine Liebe an andere Menschen weiter. Vergebt ihr auch ihnen! Seid auch ihnen gegenüber barmherzig! So wie Gott euch versöhnlich gegenübertritt, so versöhnt euch auch untereinander!

c) Das „Gleichnis vom barmherzigen König und seinem unbarmherzigen Knecht“ in etwas ausgeführter Umschreibung

Im kleinen Kreis hatte Jesus einst seinen Jüngern das Gebet nahegebracht, das mit den Worten *„Unser Vater im Himmel“* beginnt. In diesem Gebet heißt es an einer Stelle: *„Und vergib uns unsere Schuld, wie auch wir vergeben unsern Schuldigern.“* Darüber hatte der Jünger Petrus immer wieder auf dem Weg durch das Land nachdenken müssen. Als Jesus und seine Jünger unterwegs einmal zusammensaßen, fragte Petrus Jesus, was ihn schon so lange beschäftigt hatte: „Jesus“, begann er, „einem Menschen zu vergeben, wenn er mir Böses getan hat, das will ich gerne tun. Aber was ist, wenn er laufend böse zu mir ist? Muß ich ihm dann immer wieder verzeihen, oder ist nicht irgendwann einmal Schluß? Genügt es nicht, siebenmal zu vergeben?“ Jesus schaute Petrus eindringlich an. „Ist es möglich“, antwortete er, „das Verständnis für einen Menschen von einem bestimmten Zeitpunkt an einzustellen, wenn man ihn wirklich liebt? Du sollst nicht siebenmal vergeben und beim achten Mal, wenn dir dein Mitmensch Böses antut, Rache an ihm üben! Du sollst ihm siebenmal siebzigmal vergeben!“ Petrus begriff: Jesus meinte damit, daß wir Menschen einander *immer wieder* vergeben sollen. „Ganz schön schwer!“ fuhr es Petrus durch den Kopf, doch dann bemerkte er, daß Jesus noch etwas sagen wollte. Darum schwieg er. Um Petrus und den anderen Jüngern zu verdeutlichen, was er meinte, erzählte Jesus ihnen eine Geschichte, ein Gleichnis:

„In Gottes Reich“, begann Jesus, „geht es zu wie in der folgenden Geschichte: Ein König wollte mit den Verwaltern seiner Güter abrechnen. Da kam die Reihe an einen Verwalter, der nur sehr zögernd vortrat. Als seine Rechnungen überprüft wurden, stellte sich heraus, daß er dem König zwei Millionen Mark schuldete. Da der Mann jedoch nicht zahlungsfähig war, ordnete der König an, man solle ihn, seine Frau und seine Kinder als Sklaven verkaufen. Auch sollte sein ganzer Besitz veräußert werden. Mit dem Erlös sollten die Schulden bezahlt werden. Da warf sich der Verwalter vor seinem königlichen Herrn zu Boden und flehte ihn an: ‚Hab doch Geduld mit mir, ich will dir ja alles bezahlen! Nur bitte ich dich, weder meine Frau, meine Kinder noch mich selbst als Sklaven zu verkaufen!‘ Da hatte sein Herr Erbarmen mit ihm und setzte die Strafe aus. Und in seiner grenzenlosen Barmherzigkeit erließ er ihm sogar die gesamten Schulden.

Erleichtert verließ der Verwalter den Palast des Königs. Als er jedoch auf dem Nachhauseweg einen seiner Nachbarn traf, da fiel ihm ein, daß dieser ihm noch 200 Mark schuldete. Da stellte er sich ihm in den Weg, packte ihn beim Kragen und setzte ihm mit Worten hart zu: ‚Du bist mir noch 200 Mark schuldig. Los, her damit! Ich kann nicht länger warten!‘ Sein Nachbar warf sich vor ihm nieder und flehte ihn an: ‚Hab doch Geduld mit mir, du sollst dein Geld ja bekommen. Im Moment jedoch kann ich dir nichts geben. Gewiß aber schon bald!‘ Doch der Verwalter blieb hart und ließ sich nicht erweichen. Er ging vor Gericht und sorgte dafür, daß sein Nachbar ins Gefängnis gehen mußte. Er sollte erst wieder freikommen, wenn seine Familie die Schulden bezahlt hätte.

Nun hatte der König viele Verwalter. Einige von ihnen bekamen mit, was geschehen war. Da wurden sie sehr traurig und berichteten ihrem Herrn von dem gnadenlosen Verhalten des Verwalters. Sogleich ließ der königliche Herr den Verwalter herbeirufen und sagte zu ihm: ‚Du erbarmungsloser Mensch, ich habe dir deine großen Schulden von zwei Millionen Mark erlassen, weil du mich darum angefleht hast. Hattest du da nicht auch allen Grund, deinem armen Nachbarn seine kleine Schuld von 200 Mark zu erlassen, als er dich um Aufschub bat?!‘ Zornig übergab der König den unbarmherzigen Verwalter den Gerichtsdienern. Er kam ins Gefängnis und mußte dort bleiben, bis seine Schulden beglichen waren.

So wird auch mein himmlischer Vater mit euch verfahren“, schloß Jesus diese Geschichte ab, „wenn ihr nicht euren Mitmenschen von Herzen vergebt.“ – Petrus und die Jünger verstanden, was Jesus ihnen mit diesem Gleichnis sagen wollte: Gott vergibt uns Menschen auch dann, wenn unsere Schuld ihm gegenüber riesengroß ist. Gottes Vergebung hört bei einem bestimmten Maß menschlicher Schuld nicht plötzlich auf. Wenn er darum gebeten wird, dann vergibt Gott dem kleinen Gauner genauso wie dem bösen Gewaltverbrecher, der vielleicht ein Menschenleben auf dem Gewissen hat. Wenn er darum gebeten wird, dann vergibt Gott dem Menschen, der sich bemüht hat, sein Leben nach Gottes Willen zu führen, genauso wie dem, der sich um Gott über lange Zeit seines Lebens überhaupt nicht gekümmert hat. Und so sollen auch wir Menschen einander immer wieder vergeben und *so barmherzig miteinander umgehen, wie wir es für uns von Gott erwarten und erhoffen.*

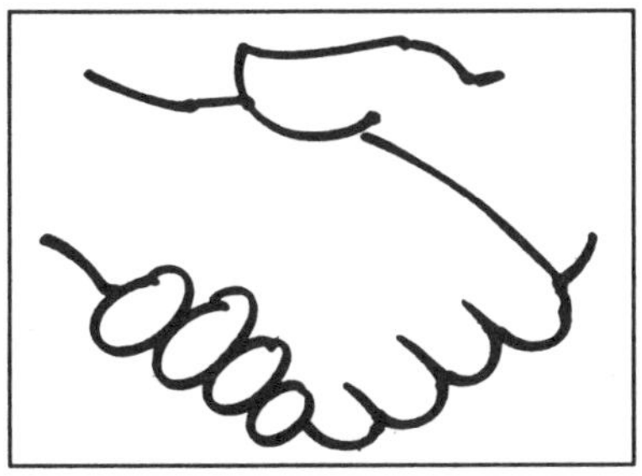

Vater unser im Himmel,
geheiligt werde dein Name.
Dein Reich komme.
Dein Wille geschehe, wie im Himmel, so auf Erden.
Unser tägliches Brot gib uns heute.
Und vergib uns unsere Schuld,
wie auch wir vergeben unsern Schuldigern.
Und führe uns nicht in Versuchung,
sondern erlöse uns von dem Bösen.
Denn dein ist das Reich und die Kraft
und die Herrlichkeit in Ewigkeit. Amen.

Wenn wir das „Vaterunser“ beten, dann können wir bei der Bitte „Und vergib uns unsre Schuld, wie auch wir vergeben unsern Schuldigern“ („Schuldiger“ sind Menschen, die uns etwas schuldig geblieben sind) an das *Gleichnis vom barmherzigen König und seinem unbarmherzigen Knecht* denken. Dann werden wir diese Bitte des „Vaterunsers“ besser verstehen und mitbeten können.

Wer suchet, der findet

Fünf Gleichnisse Jesu sind auf diesem Bild versteckt. Auch sie stehen alle bei Matthäus (Kapitel 13, 18, 24).

19. Jesus gibt Gottes Liebe an seine Mitmenschen weiter und schafft sich damit Feinde

Jesus hat nicht nur *von Gottes Liebe gesprochen*, sondern er hat seinen Mitmenschen auch *Gottes Liebe durch sein Wirken und Verhalten weitergegeben*. Er gab hungernden Menschen zu essen (Markus 6, 30-44; 8,1-9). Er machte kranke Menschen wieder gesund (z.B. Markus 7,31-37). Er bewahrte eine Ehebrecherin vor der Steinigung (Johannes 8,2-11). Er segnete Kinder (Markus 10,13-16). Und er kümmerte sich um Menschen, von denen niemand etwas wissen wollte (z.B. Markus 1,40-45). Noch am Kreuz hat er den Menschen seine Liebe erwiesen, indem er für die Soldaten betete, die ihn hinrichteten: „Vater, vergib ihnen, denn sie wissen nicht, was sie tun!" (Lukas 23, 34). Doch mit seiner Predigt vom Gott der Liebe und mit seinem liebevollen Verhalten machte Jesus sich *zugleich* Feinde, die darüber beratschlagten, wie sie ihn beseitigen könnten (Markus 3,6). Denn sie glaubten nicht, daß Jesus *im Auftrag Gottes* redete und handelte (siehe z.B. Matthäus 3, 24-28).

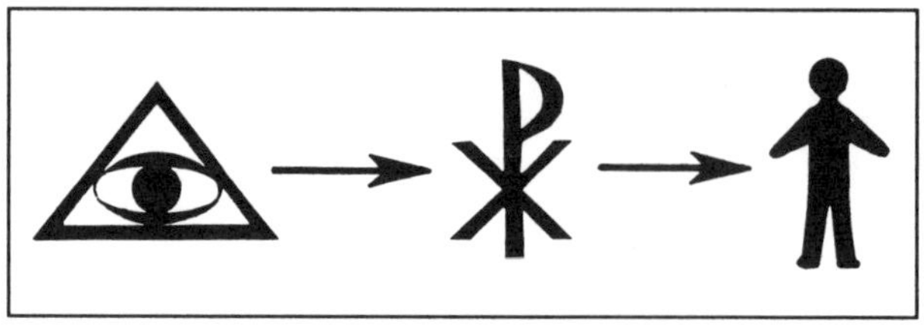

a) Die Pharisäer nehmen Anstoß an Jesus

Die Römer waren die verhaßten heidnischen und fremden Herren im Lande (siehe S.45-46 Abschnitt b). Durch die „Zöllner" (= Steuereintreiber) zogen die Römer die Steuern ein, mit denen sie z.B. ihre Soldaten bezahlten, deren Aufgabe es war, das Land unter römischer Kontrolle zu halten. Die Juden haßten darum die Steuereintreiber, weil sie mit den Römern gemeinsame Sache machten und sich dabei häufig persönlich noch bereicherten. Sie redeten nicht mit ihnen und zeigten ihnen die kalte Schulter. Jesus verhielt sich anders. Auch die Zöllner, die mit den Römern zusammenarbeiteten und ihre Mitmenschen betrogen, brauchten Gottes Liebe. Jesus schenkte sie ihnen, indem er sie nicht links liegen ließ, sondern zu ihnen ging. Jesu liebevolles Verhalten gegenüber dem reichen ***Obersteuereintreiber Zachäus*** wird ***Lukas 19,1-10*** beschrieben:

Zachäus möchte Jesus, von dem er schon viel gehört hat, gerne persönlich kennenlernen. Die Gelegenheit dazu hat er, als Jesus durch die Stadt Jericho kommt. Viele Menschen säumen den Straßenrand. Doch sie lassen den an Körpergröße kleinen Zachäus nicht nach vorne in die erste Reihe durch. Warum auch sollte man diesem Betrüger einen Gefallen tun? Da klettert Zachäus auf einen Baum, um Jesus sehen zu können. Als Jesus an diesem Baum vorbeikommt, hält er an und sagt zu Zachäus, daß er in sein Haus kommen und ihn besuchen möchte. Zachäus freut sich, daß Jesus gerade *ihn* aufsucht, daß er ihn annimmt, während die übrigen Menschen seiner Umgebung ihn ablehnen. Das ändert sein ganzes Leben. Er *gibt Jesu Liebe an andere Menschen weiter*, indem er wiedergutzumachen versucht, wo er Menschen betrogen hat. Er erstattet den Menschen, denen er zuviel Steuern abgenommen hat, ihr Geld in vierfacher Höhe. Die Hälfte seines Vermögens gibt er armen Leuten. Aber nicht alle Menschen freuen sich, daß Jesus bei Zachäus zu Gast ist. Sie denken: Kann denn *Jesus* gut sein, wenn er mit einem solchen Gauner verkehrt? Doch Jesus läßt sich von ihren Gedanken nicht stören. Er ist gekommen, um die Menschen aufzusuchen und zu retten, bei denen nicht alles in Ordnung ist, die verloren sind (siehe S.21).

An einer anderen Stelle im Neuen Testament wird uns berichtet, daß Jesus sogar einen Zöllner zu seinem *Jünger* beruft. Sein Verhalten erregt den scharfen Protest der *Pharisäer*. Gott liebt nur die Menschen, die seine Gebote halten, denken sie. Jesus kann nicht Gottes Sohn sein, wenn er sich mit Leuten wie den betrügerischen Zöllnern abgibt, die Gottes Gebote in ihrem Leben mißachten. Jesus sagt ihnen daraufhin: „Die Starken bedürfen des Arztes nicht, sondern die Kranken." Gott stößt die sündhaften Zöllner nicht von sich, weil er weiß, daß sie ihn besonders brauchen. Davon berichtet ***Matthäus 9,9-13:***

„Und als Jesus von dort wegging, sah er einen Menschen am Zoll sitzen, der hieß Matthäus; und er sprach zu ihm: Folge mir! Und er stand auf und folgte ihm. Und es begab sich, als er zu Tisch saß im Hause, siehe, da kamen viele Zöllner und Sünder und saßen zu Tisch mit Jesus und seinen Jüngern. Als das die Pharisäer sahen, sprachen sie zu seinen Jüngern: Warum ißt euer Meister mit den Zöllnern und Sündern? Als das Jesus hörte, sprach er: Die Starken bedürfen des Arztes nicht, sondern die Kranken. Geht aber hin und lernt, was es heißt: ‚Ich habe Wohlgefallen an Barmherzigkeit und nicht am Opfer' (Hosea 6,6). Ich bin gekommen, die Sünder (in Gottes Gemeinschaft) zu rufen und nicht die Gerechten."

b) Die Schriftgelehrten werfen Jesus Gotteslästerung vor

Wie andere Menschen seiner Zeit (vgl. Lukas 11,19), so hatte auch Jesus die Gabe der Krankenheilung, die er im Auftrag Gottes ausübte (Lukas 11,20). Wenn Menschen mit einem Gebrechen zu ihm kamen und daran *glaubten*, daß er ihnen helfen konnte, dann heilte er sie.

Von der ***Heilung eines Gelähmten*** erzählt ***Markus 2,2-12:*** An dieser Geschichte ist nicht nur die Heilung des Gelähmten bemerkenswert. Sie zeigt uns zugleich, daß Jesus mit der religiösen Gruppe der *Schriftgelehrten* in Konflikt geriet. Die Schriftgelehrten wußten aus der Heiligen Schrift (dem Alten Testament), daß es *Gott* ist, der Sünden vergibt. Jetzt trat hier ein *Mensch* auf, Jesus von Nazareth, und vergab einem anderen Menschen - dem Gelähmten - die Sünden. Sie empfanden das als *Gotteslästerung*, als frevelhafte Anmaßung eines Menschen, der sich an Gottes Stelle setzt.

Wie Jesus Gottes Liebe an die Zöllner weitergab und damit den Protest der *Pharisäer* hervorrief, so sprach er auch Gottes Vergebung Menschen zu und löste damit den Protest der *Schriftgelehrten* aus.

c) Die Priester werden zu Feinden Jesu

Auch die dritte religiöse Gruppe der Juden, die *Hohenpriester*, wurden zu Feinden Jesu. Davon berichtet insbesondere die ***Geschichte von der Tempelreinigung Jesu (Markus 11,15-18):***

Der *Tempel von Jerusalem* war für das Gottesvolk Israel der *Mittelpunkt des religiösen Lebens*. Nur im Tempel durften Gott *Opfer und Gaben* dargebracht werden (5.Mose 12,11). Rinder, Schafe, Ziegen und Tauben wurden als Opfertiere verwendet. Es war den *Priestern* vorbehalten, die Opfer darzubringen. Mit dem *Dankopfer* dankten die Gläubigen Gott für die Genesung von schwerer Krankheit, für die Geburt eines Kindes oder z.B. für die Ernte. Mit *Sünd- und Schuldopfern* bekannten sie sich zu ihren Sünden. Gottes Vergebung und Segen wurde ihnen am Ende der Opferhandlung vom Priester zugesprochen.

Im Tempel von Jerusalem - das Bild [↖] zeigt ein Modell des Tempels, den Jesus aufsuchte - hatte sich zur Zeit Jesu ein schwunghafter Handel rund um das Opferwesen breitgemacht. Tierhändler boten Tauben, Ziegen, Schafe oder Rinder feil. Es gab viele Juden, die in Spanien, Griechenland oder etwa in Ägypten lebten. Wenn sie zu einem Besuch nach Jerusalem kamen, standen Geldwechsler bereit, die das spanische, griechische und ägyptische Geld oder auch die überall verbreiteten römischen Münzen in israelitische Währung („Schekel") umtauschten, die als alleiniges Zahlungsmittel im Tempel erlaubt war. Damit konnten die ausländischen Juden dann eine finanzielle Gabe für den Tempel entrichten (die „Tempelsteuer") oder auch Opfertiere kaufen, die sie aus ihren fernen Ländern ja nicht ins Heilige Land mitbringen konnten.

Jesu kritische Einstellung gegenüber dem Opferwesen wird in den Evangelien mehrfach bezeugt. In der Bergpredigt sagt er: „Wenn du deine Gabe auf dem Altar opferst und dort kommt dir in den Sinn, daß dein Bruder etwas gegen dich hat, so laß dort vor dem Altar deine Gabe und geh zuerst hin und versöhne dich mit deinem Bruder, und dann komm und opfere deine Gabe" (Matthäus 5,23-24). Schon die Propheten hatten die hohl gewordenen Opfergottesdienste ihrer Zeit in Gottes Auftrag kritisiert: „Denn ich habe Lust an der Liebe und nicht am Opfer, an der Erkenntnis Gottes und nicht am Brandopfer" (Hosea 6,6 - sinngemäß aufgenommen in Matthäus 9,13 und 12,7; siehe auch Jesaja 1,11-17; Jeremia 7,21).

Als Jesus am Ende seiner öffentlichen Wirksamkeit in den Tempel ging, wurde er angesichts des Verkaufsrummels im Tempel zornig. Er trieb die Händler, Käufer und Geldwechsler aus dem Tempel, weil der Tempel keine „Räuberhöhle", sondern ein „Bethaus für alle Völker" sein sollte. Daraufhin suchten die Hohenpriester nach einer Möglichkeit, ihn umzubringen (Markus 11,18); denn sie empfanden sein Vorgehen nicht nur als Kritik an ihrer religiösen Geschäftemacherei („Räuberhöhle"), sondern zugleich auch als Angriff auf die Opfervorschriften des Alten Testaments, die ja *Gott selber* geboten hatte.

d) Jesu Gegner suchen nach einer Gelegenheit, ihn zu töten

Gott akzeptiert nur die Menschen, die seine Gebote halten oder opfern, sagten die Pharisäer und die Hohenpriester. Jesus setzte dagegen: Gott liebt *alle* Menschen. Seine Liebe ist nicht davon abhängig, ob wir seine Gebote gut halten oder opfern. Und Jesus gab den Menschen Gottes Liebe weiter, indem er sie in seine Gemeinschaft aufnahm, indem er sie heilte und indem er ihnen die Sünden vergab. Die Pharisäer (Markus 3,6), Schriftgelehrten und Hohenpriester machte er sich mit seiner *Botschaft von der Barmherzigkeit und Liebe Gottes* und mit seinem *liebevollen Verhalten allen Menschen gegenüber* zu Todfeinden. Kurz vor dem Beginn des jüdischen Passafestes suchten sie nach einer Gelegenheit, „wie sie ihn mit List ergreifen und töten könnten" (Markus 14,1-2).

Verstöße gegen ein umstrittenes Gesetz

Die Juden hatten strenge Vorstellungen, was am allwöchentlichen Feiertag - dem Sabbat - nicht getan werden durfte. Vier solcher Tätigkeiten sind hier gezeigt. Gegen zwei Verbote hat Jesus mit seinen Jüngern absichtlich und mehrfach verstoßen - weil er die Bestimmungen für unmenschlich hielt. Welche zwei waren das? (Die genaue Auseinandersetzung Jesu mit den Pharisäern über diese Vorschriften stehen in Markus 2 und 3.)

20. Die Jünger verstehen Jesu Auftrag falsch

„Denn Gott hat seinen Sohn nicht in die Welt gesandt, daß er die Welt richte, sondern daß die Welt durch ihn gerettet werde" (Johannes 3, 17). Gott sendet Jesus als den Botschafter seiner Liebe unter die Menschen, um ihnen die Angst vor Gott zu nehmen und sie in seine Gemeinschaft zurückzurufen. Die meisten religiösen Führer der Juden - Pharisäer, Schriftgelehrte und Hohenpriester - lehnen Jesus jedoch ab. Sie werfen Jesus vor, daß er mit seiner Predigt von der Barmherzigkeit Gottes und mit seinem liebevollen Verhalten gerade auch den Sündern gegenüber Gott nicht ernst nimmt. Nur Einzelne von ihnen haben eine positive Meinung von Jesus (Lukas 13,31; 23,50-53; Johannes 3,1-2). Wie steht es nun mit den *Jüngern*, mit den Menschen also, die mit Jesus am meisten vertraut waren? Verstehen sie Jesus besser? Auch sie haben offensichtlich Schwierigkeiten zu verstehen, welche *Konsequenzen* Jesu von *Gottes Liebe* bestimmtes Leben hat. Das wird uns an einer ***Begebenheit*** deutlich, die sich ***in Cäsarea Philippi*** zutrug. ***Markus 8,27-33*** berichtet darüber:

Als Jesus in Cäsarea Philippi seinen Jüngern eröffnete, daß er einen Leidensweg vor sich hat, der ihm den Tod (und die Auferstehung) bringen wird, da versuchte der Jünger Petrus, Jesus vom Gang nach Jerusalem abzuhalten. Zwar hatte Petrus kurz zuvor bekannt, daß er Jesus für den *„Christus" (= Messias)* hielt (Markus 8,29), aber er verstand die Aufgabe des Christus ganz so, wie es viele Menschen in seinem Volk erwarteten. Der Messiaskönig sollte das Gottesvolk zu den Waffen rufen und die heidnischen römischen Herren aus dem Heiligen Land vertreiben (siehe S.49 oben; das Bild [⇧] zeigt die Überreste eines Pan-Heiligtums in Cäsarea Philippi, das zur Zeit Jesu auch römischen Soldaten als Kultstätte diente).

Jesus wußte, daß Gott ihn als Retter und Heiland zu den Menschen gesandt hatte. Aber er war nicht gekommen, um Gottes Reich mit Gewalt zu errichten. Er wollte keinen Krieg gegen die Römer oder sonst eine Regierung führen. Den Glauben an Gott kann man niemandem aufzwingen, auch den Römern nicht. Und Gottes Reich - so hatte Jesus die alttestamentlichen Propheten verstanden - , Gottes Reich ist ein *Friedensreich* (z.B. Jesaja 6,5-6). Den Frieden aber kann man nicht mit gewaltsamen Mitteln herstellen. Weil Jesus darauf verzichtete, die Wahrheit mit Gewalt durchzusetzen, hatte er vom Rat der Ältesten des Volkes, von den Hohenpriestern und von den Schriftgelehrten Leiden und Tod zu erwarten (Markus 8,31). Denn sie glaubten ihm nicht. Und Jesus konnte ihnen nicht *beweisen*, daß *Gott* ihn gesandt hatte. Er wollte, daß sie ihm und Gott *freiwillig* glaubten. Statt sie zur Anerkenntnis seiner Botschaft zu zwingen, sah er es als *Gottes Willen* an, den Weg der Ohnmacht und des Leidens zu gehen. Darum wies er Petrus zurecht, der ihn von diesem Weg abhalten wollte - und mit ihm die anderen Jünger (Markus 8,33).

Es ist für uns Menschen offenbar nicht einfach, den Weg Gottes zur Rettung seiner Menschheit zu verstehen und zu akzeptieren. Weil Gott uns Menschen liebt, darum tritt er uns gegenüber nicht als der Weltpolizist auf, der Unrecht und Bosheit mit Gewalt beendet (siehe S.44 -45). Er beseitigt auch die römische Fremdherrschaft nicht mit Gewalt, etwa durch Jesus. Wie Gott, sein himmlischer Vater, so gibt auch Jesus seine Liebe friedlich an uns Menschen weiter. Er ist der Messias, der Heiland, der Retter - doch ohne Gewalt. Er zwingt niemandem Gottes Gemeinschaft auf, aber er bietet sie jedem Menschen an - auch uns. Freiwillig folgen wir seinem Ruf, „bezwungen" durch seine Liebe. Wer Jesu Einladung in Gottes Reich ablehnt, der wird von Jesus nicht mit Beweisen, Wundern oder göttlichen Tricks dahin gebracht, daß er Jesus als den von Gott gesandten Retter der Welt anerkennt. Eher läßt sich Jesus selber Gewalt antun, als daß er Menschen zum Glauben nötigt (Matthäus 27,39-43).

Die Pharisäer, Schriftgelehrten und Hohenpriester halten Jesus für einen Gotteslästerer. Jesus zwingt auch sie nicht dazu, ihm zu glauben. *Aber er gibt ihnen auch nicht nach.* Er ist *Gott gehorsam* und bleibt seinem Auftrag treu, Gottes Liebe bis zu seinem Ende weiterzusagen und weiterzugeben. Als seine Gegner ihn daran hindern, läßt er - der „Friede-Fürst" (Jesaja 9,5) - sich von ihnen Gewalt antun. Er verzichtet darauf, ihnen zu beweisen, daß er recht hat mit dem, was er von Gott sagt. Sie, die ihm Böses tun, haßt er nicht. Noch kurz vor seinem Tod am Kreuz bittet er: „Vater, vergib ihnen, denn sie wissen nicht, was sie tun" (Lukas 23,34). Seine *grenzenlose* Liebe schließt auch seine Feinde ein. Er leidet unter ihnen. Sie schlagen ihn ans Kreuz. Indem er dieses alles mit sich geschehen läßt, erfüllt er gehorsam Gottes Willen (Markus 14,36). Denn der „Gott des Friedens" (Römer 15,33) wendet gegen seine Menschen keine Gewalt an, weil er sie liebt: „Denn so sehr hat Gott die Welt geliebt, daß er seinen einzigen Sohn dahingab, damit alle, die an ihn glauben, nicht verlorengehen, sondern das ewige Leben haben" (Johannes 3,16).

„Mußte nicht Christus dies erleiden und in seine Herrlichkeit eingehen?" (Lukas 24,26).

21. „Dein Wille geschehe“

a) Jesus stirbt für uns: das Abendmahl

Jesus ging mit seinen Jüngern zum Passafest nach Jerusalem. Seine Gegner schlossen sich zusammen und berieten, wie sie ihn gefangennehmen konnten (Matthäus 26,3-5). Der Jünger Judas verriet ihnen, wo Jesus sich am Donnerstagabend aufhielt (Matthäus 26,14-16).

Jesus wußte, daß seine Gegner zuschlagen würden. Er feierte am Donnerstagabend *(„Gründonnerstag“)* mit seinen Jüngern ein Abschiedsmahl, das *Abendmahl*. Bei dieser Feier eröffnete Jesus seinen Jüngern, daß einer der Jünger ihn an seine Gegner verraten würde. Diese Ankündigung erschütterte die Jünger: Einer nach dem andern fragte ihn: „Bin ich's?“ (Matthäus 26,21-24; diese Situation hält das Bild [⇦] fest). Während des Abendmahls machte Jesus seinen Jüngern deutlich, daß er - der Sündlose (siehe S.17 vom zweiten Absatz an) - *stellvertretend für uns Sünder sterben* würde. Bei diesem letzten ***Abendmahl*** Jesu mit seinen Jüngern ging es nach ***Matthäus 26,26-29*** etwa so zu wie in der folgenden Erzählung:

„Was ist heute nur los?“ Die Jünger waren ganz verunsichert. Jesus war so anders als sonst. Wenn sie gewöhnlich zu Abend aßen, unterhielten sie sich miteinander. Heute aber war Jesus ganz schweigsam und in sich gekehrt. Sonst gab es immer etwas, worüber sie lachen konnten. Aber heute gab es keine ausgelassenen Späße. Jesus war wohl freundlich wie meistens, doch machte er auf seine Jünger eher einen nachdenklichen Eindruck. Als sie Wein und Brot zu sich nahmen, hatte Jesus diesen Vorgang heute mit inhaltsschweren Worten gedeutet, deren Sinn die Jünger zu diesem Zeitpunkt kaum ermessen konnten. Was hatte er doch beim Brechen des flachen Fladenbrotes gesagt: „Nehmt dieses Brot und eßt es. So wie ich dieses Brot breche und euch gebe, so wird auch mein Leib gebrochen und für euch dahingegeben werden. Eßt gebrochenes Brot immer wieder zu meinem Gedächtnis!“ Und als er den Kelch mit Wein am Ende der Mahlzeit an seine Jünger weitergab, sagte er: „Nehmt diesen Kelch mit Wein und trinkt alle daraus. Den roten Wein dieses Kelchs sollt ihr empfangen als mein Blut, das für euch vergossen wird zur Vergebung eurer Sünden. Trinkt von diesem Wein immer wieder zu meinem Gedächtnis!“ Und dann hatte Jesus noch gesagt, daß er solange nicht mehr Wein trinken werde, bis er es gemeinsam mit seinen Jüngern erneut im Reich Gottes tun könnte. Einige der Jünger hatten den Eindruck, daß Jesus mit diesem Mahl Abschied von ihnen feierte. Sie sollten noch an demselben Abend erkennen, daß sie die Situation richtig verstanden hatten.

b) Jesus kündigt seinen Jüngern an, daß sie ihn alle im Stich lassen werden

Nach dem Abendmahl machte sich Jesus mit seinen Jüngern auf den ***Weg zum Garten Gethsemane***. Unterwegs geschah nach ***Matthäus 26, 31-35*** folgendes, das sich etwa so wiedergeben läßt:

Jesus forderte seine Jünger auf, mit ihm zum Ölberg zu gehen. Sie durchquerten die engen Gassen Jerusalems, kamen durch ein Stadttor und zogen durch das Kidrontal Richtung Ölberg. Auf dem Weg dahin sagte Jesus zu ihnen: „Unsere Gemeinschaft geht heute abend zu Ende. Es wird gar nicht mehr lange dauern, dann wird es euch ausgesprochen unangenehm sein, daß wir zusammengehören. Dann werdet ihr euch alle von mir abwenden, wie es beim Propheten Sacharja heißt: ‚Wenn der Hirte geschlagen wird, werden die Schafe sich zerstreuen.‘ Aber tröstet euch: Das wird nicht das Ende unserer Gemeinschaft bedeuten. Wir werden uns wiedersehen, wenn mein Gott mir neues Leben geschenkt haben wird.“

Die letzten Worte hörten die Jünger kaum. Zu sehr beschäftigte sie, was Jesus ihnen voraussagte, daß sie ihn nämlich *alle* im Stich lassen werden, wenn es hart auf hart kommt. Petrus fand diesen Gedanken unerträglich. Er liebte Jesus über alles. Was auch immer geschehen würde - Petrus ahnte das Unheil - , er wollte zu Jesus stehen. Und so sagte er mit fest entschlossener Stimme: „Jesus, wenn dich auch alle andern im Stich lassen, *ich* werde *nicht* von deiner Seite weichen!“ Jesus blickte ihn lange an. Dann sagte er zu Petrus: „Es ist wahr, was ich dir jetzt sage: Noch in dieser Nacht, ehe der Hahn kräht, wirst du dreimal abgestritten haben, daß du zu mir gehörst." Da sagte Petrus im Brustton der Überzeugung: „Und wenn ich mit dir sterben müßte, so würde ich doch niemals verleugnen, daß ich dein Jünger bin!" Ähnliches beteuerten auch die anderen Jünger. Jesus schwieg. Sie waren im Garten Gethsemane angelangt, der am Fuße des Ölbergs lag.

c) Jesus ringt darum, Gottes Willen zu akzeptieren

Im ***Garten Gethsemane (Matthäus 26,36-46)*** wandte sich Jesus im Gebet an Gott, denn Todesangst hatte ihn erfaßt (Mt 26,38). Seine vertrautesten Jünger - Petrus, Jakobus und Johannes - bat er darum, mit ihm und für ihn zu beten (Mt 26,38.40-41). Doch die Müdigkeit überwältigte sie (Mt 26,40.43.50). Jesus bekam von ihnen keine Hilfe. Kein Mensch stirbt gerne, auch Jesus nicht. Dreimal betete er zu Gott, seinem himmlischen Vater, ob er ihm nicht den „Kelch" des Leidens ersparen könnte. Im Gebet wurde er gewiß, daß sein Tod Gottes Willen entsprach: „Nicht wie ich (Jesus) will, sondern wie du (Gott) willst", sollte geschehen (Mt 26,39). Das Vertrauen zu Gott hatte über seine Angst und Verzweiflung gesiegt.

Inzwischen hatte Judas eine Schar bewaffneter Männer zum Garten Gethsemane geführt. Er begrüßte Jesus mit einem Kuß. Das war das verabredete Zeichen. Daran sollten die Bewaffneten erkennen, welcher der im Garten versammelten Menschen Jesus war. Kurzerhand nahmen sie ihn gefangen und fesselten ihn, ohne daß er sich wehrte. Dann führten sie ihn ab. Die Jünger bekamen es mit der Angst zu tun. Sollte nur Jesus verhaftet werden oder auch sie? So schnell sie nur konnten, liefen sie davon. Alle ließen sie Jesus im Stich: Petrus, Jakobus, Johannes und die anderen Jünger. Sie flohen in die schützende Dunkelheit der Nacht. Jesus mußte den schweren Weg, der vor ihm lag, allein gehen (Matthäus 26,47-56).

Das Gebet Jesu im Garten Gethsemane zeigt uns den *Menschen Jesus*, der sich mit Gottes Willen auseinandersetzt, wie es viele Menschen tun. Doch während wir Menschen alle immer wieder gegen Gottes Willen und Gebote verstoßen, ist *Jesus Gott ganz gehorsam*, auch dann, wenn Gott so Schweres von ihm verlangt wie die Aufgabe des eigenen Lebens. Der Hebräerbrief spricht das, was Jesus im Garten Gethsemane durchlebte und durchlitt, in einem kurzen Satz aus: Jesus „wurde versucht in allem wie wir, doch (blieb er) ohne Sünde" (Hebräer 4,15).

d) „Adam" und Christus

Im *Garten Eden* wurde der Mensch versucht, Gott zu mißtrauen, gegen Gottes Willen zu handeln (Gott hatte dem Menschen untersagt, vom Baum der Erkenntnis zu essen: 1.Mose 2,16-17; 3,1-6). Im Garten Eden erlag der Mensch der Versuchung und verstieß gegen Gottes Willen, das heißt, er sündigte. Mit der Geschichte vom Garten Eden will die Bibel uns sagen, wer wir Menschen sind: *Sünder* (siehe S.39).

Im *Garten Gethsemane* wurde Jesus versucht, gegen Gottes Willen zu verstoßen, der für ihn Leiden und die Aufgabe des eigenen Lebens bedeutete. Jesus überwand diese Versuchung und ordnete seinen Willen in Gottes Willen ein.

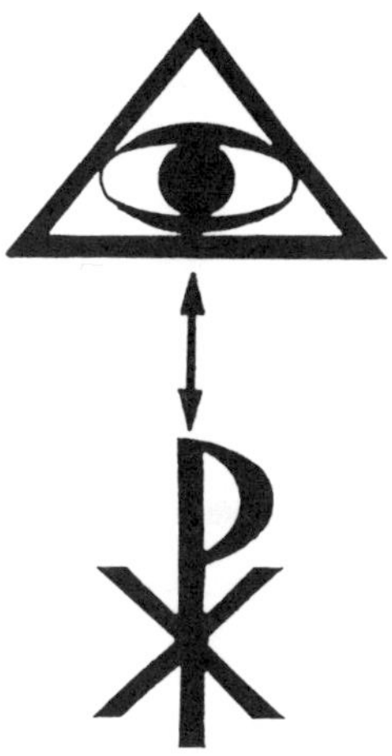

Jesus hat mit Vollmacht gepredigt und Wunder getan. Viele denken, daß seine Wundertaten das Besondere seiner Person ausmachen. Das ist allerdings nicht richtig. Wunderbare Taten vollbrachten auch andere Menschen damals (z.B. Matthäus 12,27). *Das Außergewöhnliche, das, was Jesus unvergleichlich macht, das ist sein völliger Gehorsam Gott gegenüber. Wir alle sündigen gegen Gottes Willen, nur Jesus blieb ohne Sünde. Nur er lebte ganz nach Gottes Willen* (Johannes 4,34). Wir alle sind mit unserem Menschsein unzufrieden; wir wollen mehr, möglichst sein „wie Gott" (= von Gott unabhängig: 1.Mose 3,5).

Der Mensch im Garten Eden ist Gott ungehorsam. Der Mensch im Garten Gethsemane ist Gott gehorsam. Im Neuen Testament werden „Adam" und Christus einander gegenübergestellt, um die einzigartige Bedeutung des Gehorsams Jesu für uns Menschen zum Ausdruck zu bringen. *Einmal* hat ein Mensch - Jesus Christus - so gelebt, wie Gott sich den Menschen gedacht hat. Um dieses *Einen* willen vergibt Gott *uns allen* die Sünde, nimmt er uns in seine Gemeinschaft auf und schenkt uns „ewiges Leben": „Die Sünde dieses *einen* Menschen (Adam) brachte den Tod mit sich, und alle (Menschen) gerieten unter die Herrschaft des Todes; denn *sie haben ohne Ausnahme selbst gesündigt* ... Durch den Ungehorsam des *einen* Menschen (Adam) kam es dazu, daß alle verurteilt wurden. Ebenso bringt der *Gehorsam des einen (Christus)* für alle (Gottes) *Freispruch und Leben.*" - „Alle Menschen gehören zu *Adam*, darum müssen sie sterben; aber durch die Verbindung mit *Christus* bekommen sie das *neue (ewige) Leben*" (Römer 5,12.18; 1.Korinther 15,22 [Übersetzung „Die Gute Nachricht"]).

Satan hat keine Chance

Nach den Evangelien hatte Jesus immer wieder Versuchungssituationen zu bestehen: In *Cäsarea Philippi* z.B. versuchte Petrus, ihn vom Weg des Leidens abzuhalten, den Gott für Jesus bestimmt hatte (Markus 8,31-33). Im *Garten Gethsemane* rang sich Jesus angesichts des ihm bevorstehenden Kreuzestodes dazu durch, Gottes Willen gehorsam zu sein (Matthäus 26,36-46). Ganz am Anfang der Evangelien steht die *Geschichte von Jesu Versuchung.* Wie in der *Geschichte vom Sündenfall* (1.Mose 3, 1-6) die Versuchungssituation der Menschen mit Hilfe einer *sprechenden Schlange* dargestellt wird, die die Menschen zum Mißtrauen gegen Gott verführt, so ist es in der *Versuchungsgeschichte* der *"Satan"*, der Jesus zum Ungehorsam gegen Gott verleiten will („Satan" = „Teufel": Matthäus 4,10-11).

Drei der hier abgebildeten Versuchungen hatte Jesus nach Matthäus 4,1-11 zu bestehen. Welche? Und in welcher Reihenfolge?

22. Jesus leidet und stirbt für uns

a) Jesus wird vom Hohen Rat als Gotteslästerer verurteilt (Matthäus 26,57-68)

Hinter den knappen Aussagen des Glaubensbekenntnisses: *„Gelitten unter Pontius Pilatus, gekreuzigt, gestorben und begraben, hinabgestiegen in das Reich des Todes"* stehen sehr viel Schmerz, Leid und Hoffnungslosigkeit. Wie wir sehen werden, wurden auch die Jünger vom Leiden und Tod ihres Herrn schwer erschüttert.

Nach seiner Gefangennahme wurde Jesus durch das Kidrontal nach Jerusalem in den Palast des Hohenpriesters Kaiphas zum Verhör geführt (das Bild [⇧] zeigt ein Modell dieses Palastes). Hier hatte sich der *„Hohe Rat"* versammelt (Matthäus 26,57.59), die oberste jüdische Behörde. Man warf Jesus „Gotteslästerung" vor (siehe S.57 Abschnitt b) und beschloß, ihn zu töten (Matthäus 26,65-66).

b) Petrus verleugnet seinen zum Tode verurteilten Herrn (Matthäus 26,69-75)

Als Jesus gefangengenommen wurde, flohen alle Jünger in die schützende Dunkelheit der Nacht. Zunächst auch Petrus, doch dann besann er sich und folgte den Männern, die Jesus abführten, in sicherer Entfernung nach bis zum Palast des Hohenpriesters. Denn er wollte in Erfahrung bringen, was man mit Jesus vorhatte (Matthäus 26,58).

Petrus bekam im Innenhof des Palastes mit, daß man für Jesus die Todesstrafe wegen Gotteslästerung forderte. Da befiel ihn die Angst um sein Leben, war er doch ein enger Vertrauter Jesu. Als einige der dort anwesenden Leute Petrus erkannten, stritt er zweimal ab, daß er zu Jesus gehörte. Als man ihm ein drittes Mal vorhielt, daß er doch einer von den Jesusleuten sei, da „fing er an, sich zu verfluchen und zu schwören: Ich kenne den Menschen nicht. Und alsbald krähte der Hahn. Da dachte Petrus an das Wort, das Jesus (auf dem Weg in den Garten Gethsemane) zu ihm gesagt hatte: ‚Ehe der Hahn kräht, wirst du mich dreimal verleugnen.' Und er ging (aus dem Palast des Hohenpriesters) hinaus und weinte bitterlich" (Matthäus 26,74-75).

Petrus wird dann in das Haus zurückgekehrt sein, in dem die Jünger während des Passafestes wohnten. Er berichtete ihnen vom Vorhaben des Hohen Rats, Jesus zu töten, und auch davon, daß er Jesus verleugnet hatte. Da bekamen auch die andern Jünger Angst um ihr Leben (Johannes 20,19).

c) Jesus wird gekreuzigt. Die Jünger zweifeln an Jesus (Mt 27,1-2. 11-14.27-61; Lk 24,21; Joh 20,19)

Es war am Freitagmorgen (*„Karfreitag"*), als es an der Tür des Hauses klopfte, in dem sich die Jünger aufhielten. Petrus ging zur Tür, schob den Riegel zurück und öffnete. Draußen standen mehrere Frauen. Sie waren oft dabeigewesen, wenn Jesus von Gott und seinem Reich erzählt hatte. „Ihr seid es", sagte Petrus erleichtert, „kommt rein!" Sie berichteten den Frauen, was am Abend zuvor geschehen war.

Und dann überlegten sie gemeinsam, wie sie sich verhalten sollten, nachdem Jesus gefangengenommen war. Sie kamen zu der Überzeugung, daß es besser wäre, wenn die Jünger die nächste Zeit verborgen blieben. Die Frauen sollten ihnen zu essen und zu trinken besorgen und vor allem beobachten, was mit Jesus geschah. Petrus verabschiedete die Frauen. Für die Jünger begannen unerträgliche Stunden des Wartens. Dieser Freitag wollte wohl gar kein Ende nehmen!

Am frühen Abend klopfte es. Sie öffneten die Tür und erstarrten. Draußen standen die Frauen. Einige weinten. Langsam traten sie ein. „Jesus ist tot", brachte Maria hervor, doch dann erstickte ein Weinkrampf ihre Stimme. Die Jünger traf diese Botschaft wie ein Schock. Keiner konnte etwas sagen. Sie hatten den ganzen Tag über versucht, sich innerlich auf das Schlimmste vorzubereiten. Nun, da es eingetreten war, fühlten sie sich wie geschlagen. Nach einiger Zeit faßten sie sich. Die Frauen berichteten den Jüngern, was geschehen war:

Am Morgen war Jesus zum römischen Prokurator Pontius Pilatus gebracht worden. Als Statthalter des römischen Kaisers im jüdischen Land war er zugleich auch der oberste Richter. Die Gegner hatten Jesus angeklagt, der „Christus" zu sein, jener König also, der das Volk Israel von der römischen Vorherrschaft mit Waffengewalt befreien wollte (Matthäus 27,11-12.17).

Jesus hatte unter dem Volk eine große Anhängerschar. Das machte ihn bei den Römern verdächtig. Immer wieder mußten sich die Römer nämlich mit jüdischen Freiheitskämpfern auseinandersetzen, die sich als von Gott gesandte „Messiaskönige" ausgaben und die Römer mit jüdischen Volksgenossen aus dem Hinterhalt angriffen. Wenn die Römer solcher Aufrührer habhaft werden konnten, machten sie kurzen Prozeß (Kreuzigung). Die Gegner Jesu vertrauten darauf, daß die Römer in Jesu Fall ähnlich handeln würden. Sie hatten sich nicht getäuscht. Das Urteil lautete: „Tod durch Kreuzigung" (Matthäus 27,26-30.37).

Jesus wurde ausgepeitscht. Mittags wurde er an das Kreuz genagelt. Bereits nachmittags um drei Uhr war er gestorben. Die Frauen waren bei seiner Hinrichtung dabeigewesen wie viele andere Menschen aus Jerusalem auch (Matthäus 27,55-56). Sie hatten noch hören können, wie Jesus kurz vor seinem Tode verzweifelt zu Gott gebetet hatte: „Mein Gott, mein Gott, warum hast du mich verlassen!?" (Matthäus 27,46) Dann war er tot zusammengesunken. Etwas später, so schlossen die Frauen ihren Bericht, war Josef aus Arimathäa, ein Anhänger Jesu, mit seinen Dienern gekommen. Er hatte den toten Jesus vom Kreuz abnehmen und in ein Grab legen lassen, das ganz in der Nähe war. Das Grab war mit einem großen Rollstein verschlossen worden (Matthäus 27,57-61).

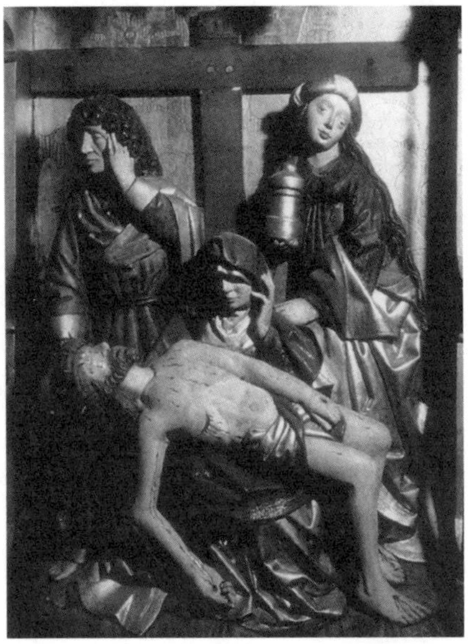

Regungslos hatten die Jünger dem Bericht der Frauen zugehört. „Jetzt ist alles aus", sagte einer, „seine Gegner haben gewonnen." Schreckliche Gedanken quälten sie: Hatte Jesus doch nicht recht mit dem, was er ihnen von Gott erzählt hatte? Hatte Jesus nicht gesagt, daß Gott ein *barmherziger und gütiger Gott* ist? Wo war er denn gütig gegen Jesus selbst gewesen? Er hatte ihm doch nicht geholfen (Matthäus 27,43). Er hatte doch Jesu Feinde siegen lassen. Hatte Gott damit nicht *ihnen* Recht gegeben? Hatten sie - die Jünger - sich von Jesus verführen lassen? „Wir hatten gehofft, daß er das Volk Israel erlösen werde" (Lukas 24,21), seufzte ein Jünger. Er sprach aus, was sie alle fühlten. Jetzt war Jesus tot. Man hatte ihn bereits in ein Grab gelegt. Und mit ihm waren alle ihre Hoffnungen begraben worden. Jesus ist gescheitert, dachten die Jünger voller Verzweiflung.

Wenn sie nicht das gleiche Schicksal erleiden sollten wie Jesus, dann mußten sie noch länger in ihrem Haus verborgen bleiben und abwarten. Die Frauen versprachen, auch weiterhin für die Jünger zu sorgen. Sie verließen eine Jüngerschar, die von Trauer um Jesus, Hoffnungslosigkeit und Angst um ihr Leben zutiefst erschüttert war (Johannes 20,19).

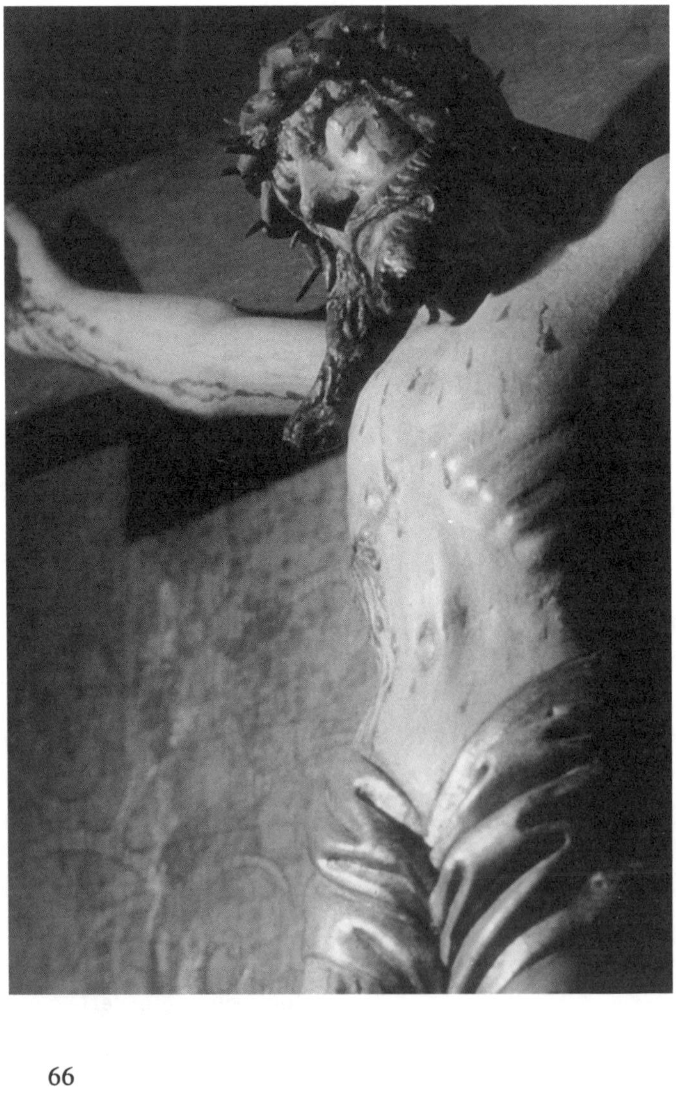

„Er erniedrigte sich selbst und ward gehorsam bis zum Tode, ja zum Tode am Kreuz. Darum hat ihn auch Gott erhöht und hat ihm den Namen gegeben, der über alle Namen ist" (Philipper 2,6-9).

23. Gott bekennt sich zu Jesus, indem er ihn von den Toten auferweckt

a) Der auferweckte Jesus erscheint seinen Jüngern

Jesus starb am Kreuz. Er wurde in einem Felsengrab begraben. Seine Gegner hatten gesiegt - so schien es. Die Jünger warteten furchtsam in ihrer Unterkunft auf eine Gelegenheit, Jerusalem heimlich zu verlassen. Inzwischen waren drei Tage vergangen. Vom Sonntag *(„Ostersonntag")* berichtet ***Johannes 20,19-20:*** „Am Abend aber dieses ersten Tages der Woche, als die Jünger versammelt und die Türen verschlossen waren aus Furcht vor den Juden, kam Jesus und trat mitten unter sie und spricht zu ihnen: ‚Friede sei mit euch!' Und als er das gesagt hatte, zeigte er ihnen die Hände und seine Seite. Da wurden die Jünger froh, daß sie den Herrn sahen." Um dieses Geschehen tiefer zu erfassen, wollen wir uns wieder in die Situation der Jünger hineinversetzen und nacherzählen, wovon Johannes berichtet:

Es war mittlerweile Sonntagabend geworden. Die Jünger saßen gemeinsam beim Essen. Es schmeckte keinem so recht. Es war schon dunkel. Einigen Jüngern erschien es plötzlich, als wollte es Tag werden. Denn irgendwie wurde es heller im Raum. Sie saßen im Kreise und starrten auf ihre Teller. Einer von ihnen blickte auf und erschrak heftig. Da stand ja Jesus!!! Erschrokken stammelte der Jünger: „Da, seht nur!" In den Jüngerkreis kam Bewegung. „Um Himmels willen, ein Gespenst!" entsetzte sich einer (vgl. Lukas 24,37). „Das ist ja der Herr!" rief ein anderer. Jesus trat in ihre Mitte. Mit angstvollen Blicken begleiteten sie seine Schritte. *„Friede sei mit euch!"* sprach er zu ihnen mit ruhiger Stimme. "Friede sei mit euch!" - wie oft hatten sie diese Worte schon aus seinem Munde gehört, wenn sie einander begrüßten. Jesus zeigte ihnen seine von den Nägeln durchbohrten Hände und seine verletzte Seite. Kein Zweifel, er war es wirklich! Kein Zweifel, er lebte!

Den Jüngern fiel es auf einmal wie Schuppen von den Augen: *Gott selber mußte eingegriffen haben.* Der himmlische Vater hatte Jesus von den Toten auferweckt. Er hatte ihm *neues, unvergängliches Leben* geschenkt. Nicht Jesu Gegner und nicht der Tod hatten das letzte Wort behalten, sondern Gott. Er hatte Jesus, der treu seinen Willen getan hatte, auferweckt. „Halleluja" - „Gott sei gelobt!" - erschallte es laut durch den kleinen Raum. „Pssst!" warnten einige Jünger den Rufer. Sie hatten es sich in den letzten Tagen angewöhnt, nur ganz leise zu sprechen, damit sie nicht auffielen. Doch schon im nächsten Moment hielten sie inne mit ihrem „Pssst!" Wozu sich jetzt noch ruhig verhalten? Hatten sie nicht vielmehr allen Grund, laut zu verkünden, was geschehen war? Ihrem Herrn und Meister hatte Gott Recht gegeben und ihn auferweckt!

Und sie, die Jünger, sie waren nach all den schrecklichen Ereignissen zu der Überzeugung gelangt, daß sie alle ihre Hoffnungen auf Jesus vergeblich gesetzt hatten. Doch nun hatte Gott auch sie nicht vergessen. Mit Jesu Auferweckung hatte er auch *ihren Glauben* und *ihre Hoffnung* mit neuem Leben erfüllt. „Halleluja, du lebst, Herr!" rief Petrus. Freudentränen liefen ihm über die Wangen. Die Jünger hatten sich erhoben. Ihnen war unbeschreiblich leicht zumute. Eine völlig unerwartete Wende war eingetreten. Jesus, ihr Herr und Meister, war nicht im Tode geblieben. Gott hatte ihn auferweckt. Gott hatte mit ihm eine neue Welt begonnen. Sein Reich war tatsächlich angebrochen. Die Jünger konnten die tiefe Bedeutung des Geschehenen jetzt noch kaum richtig erfassen. Doch in diesem Moment waren sie nur unglaublich erleichtert und unbeschreiblich froh. Ihr Lebensmut war wiedergekehrt, ihre Angst vor Jesu Gegnern gewichen. Gott hatte ihre Gemeinschaft mit Jesus, die für kurze Zeit unterbrochen war, erneuert. Gott hatte Jesus Anteil an seinem ewigen Leben und seiner göttlichen Macht gegeben. Nun konnte er wie Gott selber immer bei ihnen sein, bis zum Ende dieser Welt (Matthäus 28,18-20).

b) Die Botschaft von der Auferweckung Jesu: eine erstaunliche Botschaft

Niemand war dabei, als Gott Jesus von den Toten auferweckte. *Jesus erschien seinen Jüngern.* Auf diese Weise ließ Gott die Jünger wissen, daß er Jesus auferweckt hatte. Die Jünger zogen danach los, um überall zu verkünden: *Jesus lebt. Er ist von den Toten auferstanden.* Sie gaben diese Botschaft an andere Menschen weiter. Erst nach einigen Jahrzehnten wurden die Evangelien geschrieben, 30 bis 40 Jahre nach der Auferstehung Jesu und später (siehe das Schaubild auf S.9). Wenn *wir* die Bibel lesen, dann vernehmen wir das *Zeugnis der Jünger*, denen der Auferstandene erschienen war, z.B. Lukas 24,34: „Der Herr ist wirklich auferstanden und Simon (Petrus) erschienen."

Den Jüngern fiel es am Anfang keineswegs leicht, der Botschaft von der Auferweckung Jesu zu glauben. Denn in einer Welt der Vergänglichkeit und des Todes widerspricht diese Botschaft unserer üblichen Erfahrung und unserem üblichen Denken. Jesu Auferweckung bedeutet ja, daß Gott Tod und Vergänglichkeit überwindet. Nicht der Tod hat das letzte Wort, sondern Gott. Er hat *Jesus* nicht im Tod gelassen, und er wird *auch uns* zu neuem Leben erwecken. Diese Hoffnung will Gott uns durch die Auferweckung Jesu von den Toten schenken.

Es hat bei den Jüngern einige Zeit gedauert, bis sie der Botschaft von der Auferstehung Jesu Glauben schenkten. Alle Evangelien berichten uns von den *Zweifeln der Jünger an dieser Botschaft* (Matthäus 28,17; Markus 16,9-14; Lukas 24,9-12; 24,21-27; 24,36-43; Johannes 20,20.24-29). Der Auferstandene selbst muß bei seinen Jüngern die Zweifel an seinem neuen Leben beseitigen. In der oben nacherzählten Erscheinungsgeschichte aus dem Johannesevangelium (20,19-20) zeigt er seinen Jüngern seine Nägelmale und spricht mit ihnen, damit sie glauben können, daß er der von den Toten auferweckte Jesus ist.

Das Grab Jesu war leer (das Bild [⇧] zeigt ein offenes jüdisches Felsengrab, das mit dem runden Rollstein verschlossen wurde). Die Christen, die zum Glauben an den auferstandenen Christus gekommen waren, sagten: Das Grab ist deswegen leer, weil Gott Christus von den Toten auferweckt hat. Die Ungläubigen erklärten es sich anders. Es gab Leute, die behaupteten, die Jünger hätten den Leichnam Jesu gestohlen. Darum sei das Grab leer gewesen (Matthäus 28,11-15).

Jesus nahm seinen Jüngern die Zweifel an seiner Auferstehung, indem er ihnen *mehrere Male* erschien, mit ihnen redete und aß. So kamen sie zum Glauben. Auch *in uns* schafft der auferstandene Christus Glauben, der *unsere* Zweifel überwindet und *uns* eine lebendige Hoffnung schenkt. Die einen führt er durch Menschen zum Glauben, die sich mit ihrem Leben zu Christus bekennen. Andere ruft Christus durch den Kindergottesdienst, durch den Konfirmandenunterricht und durch die gottesdienstliche Predigt in seine Gemeinschaft. Für uns alle gilt: Den lebendigen Kontakt mit Christus behalten wir dadurch, daß wir uns immer wieder mit seinen Worten und Taten, mit seinem Kreuz und mit seiner Auferstehung beschäftigen:

c) Gebet zum lebendigen Christus

Herr Jesus Christus! Du hast Gottes Liebe zu uns Menschen gebracht.
Du hast uns in Gleichnissen verkündet, daß Gott uns sucht wie der Hirte sein verlorenes Schaf;
daß Gott uns annimmt wie der Vater seinen verlorenen Sohn.
Du hast dich liebevoll um uns Menschen gekümmert:
Zolleintreiber und Prostituierte, die von ihren Mitmenschen gemieden wurden, hast du in Gottes Gemeinschaft gerufen;
Aussätzige und andere Kranke, die sich selber aufgegeben hatten, hast du geheilt und ihnen neues Leben geschenkt.
Weil du uns Menschen liebtest, hast du dir Unrecht tun lassen, als sie dich als Gotteslästerer anklagten.
Weil du niemanden zum Glauben zwingen wolltest, hast du dich nicht verteidigt und gewehrt, als sie dich falsch beschuldigten und kreuzigten.
Noch am Kreuz hast du für deine Feinde gebetet: „Vater, vergib ihnen, denn sie wissen nicht, was sie tun!"
Für sie bist du gestorben - und auch für uns, für unsre Schuld.
Unsere Gottesferne hast du am Kreuz stellvertretend auf dich genommen:
„Mein Gott, mein Gott, warum hast du mich verlassen!?"
Dann bist du gestorben und begraben worden.
Nun ist alles aus, dachten deine Gegner - und auch deine Jünger.
Aber du warst nicht von Gott verlassen. Du hast mit deinem ganzen Leben und seinem bitteren Ende treu Gottes Willen erfüllt.
Und darum hat Gott nicht länger geschwiegen.
Er hat dir die Treue gehalten und sich zu dir bekannt.
Er hat dich auferweckt vom Tode zum ewigen Leben.
Er hat dir Anteil an seiner göttlichen Macht gegeben.
Du bist deinen Jüngern erschienen und hast sie aus ihrer Hoffnungslosigkeit erlöst.
Du begegnest auch uns als der lebendige Herr.
Du erweckst in uns Glauben und Hoffnung.
Wir dürfen deine Nähe im Gottesdienst und in unserem Gebet erfahren.
Wir danken dir, Herr Jesus Christus, für alles, was du für uns getan hast und tust. Halte uns fest in deiner Gemeinschaft. Amen.

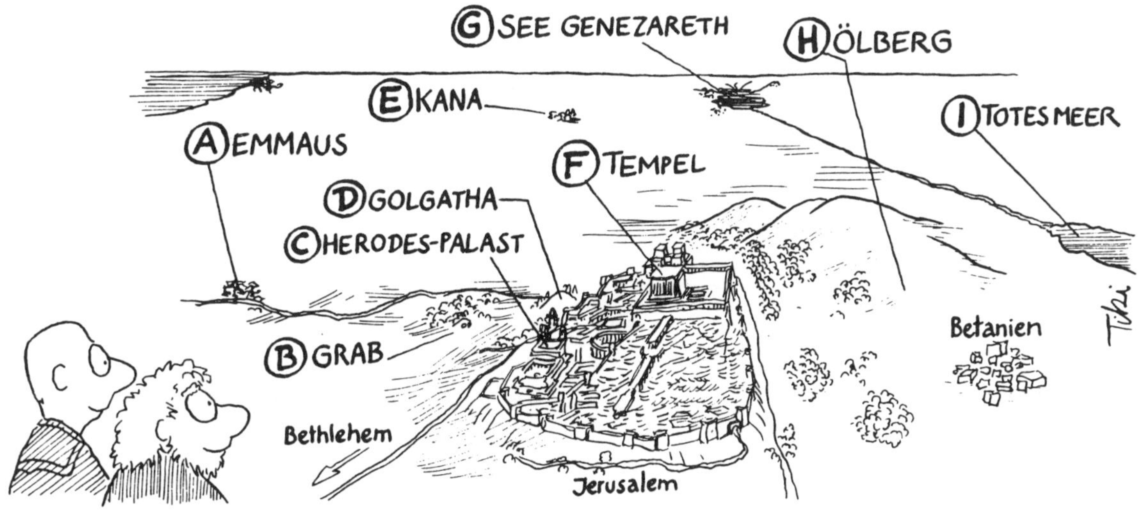

„Erinnerungen an die Zukunft"

Diese beiden denken an die Begegnungen der Jünger und der Maria aus Magdala mit dem auferstandenen Christus zurück. An welchen der angegebenen Orte fanden sie statt? Male die Buchstaben der Erscheinungsorte farbig an (die letzten Kapitel der vier Evangelien und Apostelgeschichte 1,1-14 geben nähere Auskunft).

24. Jesus erhält Anteil an Gottes Macht

a) „Aufgefahren in den Himmel; er sitzt zur Rechten Gottes, des allmächtigen Vaters“

Nach seiner Auferstehung ist Jesus seinen Jüngern in einem begrenzten Zeitraum mehrere Male erschienen (Apostelgeschichte 1,3). Die Evangelien berichten von seinen Erscheinungen. Danach ist er endgültig zu seinem himmlischen Vater gegangen. *„Himmelfahrt“* nennen wir dieses Ereignis. Was ist darunter zu verstehen?

Wir kommen der Bedeutung der „Himmelfahrt“ Jesu näher, wenn wir uns klarmachen, daß „Himmel“ in der Bibel mehrere Bedeutungen hat. Im Deutschen kennen wir nur das Wort „Himmel“. Im Englischen unterscheidet man zwischen „sky“ (= der Himmel, den man mit den Augen sieht) und „heaven“ (= die Welt Gottes). Entsprechend meint „Himmel“ in der Bibel ❶ den sichtbaren Himmel, das „Himmelszelt“. ❷ „Himmel“ ist aber auch eine Bezeichnung für die unsichtbare „Welt Gottes“. Wo Gott ist, da ist der Himmel. Und wo der Himmel ist, da ist Gott. ❸ Da die Juden eine starke Scheu davor hatten, den Namen Gottes zu „mißbrauchen“ (2. Gebot), benutzten sie das Wort „Himmel“ für „Gott“. „Beim Himmel schwören“ hieß: „bei Gott schwören“ (Matthäus 23,22). In den Evangelien spricht Jesus entweder vom „Reich Gottes“ oder vom „Himmelreich“. Beidemale ist dasselbe gemeint.

*„Himmel*fahrt" bedeutet also: Jesus der Auferstandene geht in die unsichtbare *Welt Gottes*. Oder ganz einfach ausgedrückt: *Jesus geht zu Gott*. Er setzt sich zur Rechten Gottes, des allmächtigen Vaters (z.B. Römer 8,34).

Dieses Geschehen hält ***Apostelgeschichte 1,8-14*** fest: Lukas sagt nicht, daß Jesus wie eine Rakete in den Himmel fuhr. Sondern „eine *Wolke* nahm ihn auf“ (Apostelgeschichte 1,9). Auch die „Wolke“ ist ein Hinweis auf Gott, wird sie in der Bibel doch gerne als Sinnbild für die verborgene Gegenwart Gottes verwendet (vgl. z.B. Markus 9,7 mit Markus 1,11). „Eine Wolke nahm ihn auf“ bedeutet also: *Gott nahm Jesus zu sich*. Wie Wolken einen Berg verdecken, so wurde Jesus den Blikken der Jünger entzogen. Sie können ihn nun nicht mehr sehen, weil er „in den Himmel“ = „zu Gott“ seinem himmlischen Vater gegangen ist. Gott schenkt ihm Anteil an seiner göttlichen Macht. Die Jünger erfahren das noch an demselben Tag. Sie kehren nach Jerusalem in ihr Haus zurück. Dort beten sie: *zu Jesus*. Vorher - in der Zeit, als Jesus sichtbar unter ihnen lebte - konnten sie nicht zu ihm beten. Aber nach seiner „Himmelfahrt“ kann Jesus überall bei ihnen sein *wie Gott selber*.

ER ist einfach überall

Das, was der Evangelist Lukas in seiner Apostelgeschichte (1,8-14) mit der Himmelfahrtsgeschichte zum Ausdruck bringen will, das sagt der Evangelist ***Matthäus*** auf seine Weise ***(28,16-20)***. Auch er beschreibt Jesu Abschied von seinen Jüngern und bezeugt, daß Jesus Anteil an Gottes Macht erhalten hat. Christus sagt zu seinen Jüngern: Gott hat mir „alle Gewalt im Himmel und auf Erden gegeben". Darum „bin ich bei euch alle Tage bis an das Ende der Welt" (28,18.20).

b) „Von dort wird er kommen, zu richten die Lebenden und die Toten"

Die Schöpfungsgeschichten am Anfang der Bibel haben uns deutlich gemacht, daß Gott uns Menschen als Gegenüber, als Partner und als Mitarbeiter in seiner Schöpfung geschaffen hat, die Gott, ihrem Schöpfer, *verantwortlich* sind (siehe S.35 die Abschnitte b bis d). Daß wir unser Leben vor Gott zu verantworten haben, macht das Neue Testament uns etwa mit dem *Gleichnis vom barmherzigen König* (und seinem unbarmherzigen Knecht) klar, der seinen Verwalter zur Rechenschaft zieht, ihm aber alle seine Schuld(en) erläßt (siehe S.54-55).

Das Neue Testament sagt uns auf vielfältige Weise, daß wir Menschen uns nach unserem Tod für unsere Lebensführung vor Gott zu verantworten haben. Nach der *Gottesliebe* und der *Nächstenliebe* werden wir dann gefragt (Matthäus 22,34-40; 25,31-46). Das Neue Testament bezeugt, daß Gott *Christus* bevollmächtigt hat, dieses *letzte („jüngste") Gericht* zu halten, bei dem sich alle Menschen vor ihm zu verantworten haben (z.B. Apostelgeschichte 10,42; 17,31; 2.Korinther 5,10).

Wir Christen werden unsere Verantwortung ernstnehmen und uns in unserem Leben darum bemühen, Gott und unseren Nächsten zu lieben, so gut wir können. Oft genug werden wir jedoch Gott und den Nächsten vergessen. Trotzdem brauchen wir uns vor diesem Gericht nicht zu fürchten. Wir wissen ja, wer der Richter ist: Christus unser Herr, der für uns gestorben ist. Wir vertrauen darauf, daß er uns auch aus dem letzten Gericht „errettet" (1.Thessalonicher 1,10).

Auf einer alten Ikone (siehe die Nachzeichnung [⇦]) ist „Christus der Weltenrichter" abgebildet. Die Linie vom Haupt zu den Füßen und die von der linken zur rechten Hand erinnern deutlich an sein *Kreuz*. Das Haupt ist von einem Kreis („Nimbus") umgeben, in dem die Kreuzesbalken zu den Seiten und nach oben wie Strahlen eingezeichnet sind. Hände und Füße der Christusgestalt tragen deutlich die Nägelmale des Gekreuzigten. Die Ikone will zum Ausdruck bringen: *Christus der Weltenrichter* ist kein anderer als *Christus der Gekreuzigte*. Er ist für uns Menschen ans Kreuz gegangen. Weil Jesus als Unschuldiger starb, vergibt Gott uns unsere Sünde. So können wir ohne Angst dem Weltgericht Christi entgegengehen: unser *Richter* ist ja zugleich unser *Retter*.

Die Ikone stellt den „Richtstuhl", auf dem Christus sitzt, als *Regenbogen* dar. Der Regenbogen ist ein *Zeichen des Friedens* (vgl. 1.Mose 9,13), weil Christus uns Menschen mit Gott versöhnt hat (siehe S.43 letzter Absatz). Seine Liebe zu Gott und uns Menschen hat Christus dazu geführt, sich für uns in den Tod zu geben. Darum vertrauen wir fest darauf, daß seine Liebe zu uns Menschen uns auch durch Tod und Gericht hindurch in Gottes Ewigkeit retten wird. Wie es *Martin Luther* sagt: „*Glaube* heißt, daß einer durch ein unmöglich Ding hindurchbrechen soll. Er geht hinein ins Meer, als wenn kein Wasser da wäre. Er geht in den Tod, als wenn kein Tod da wäre. Und er fällt Christus um den Hals, als wenn es niemals Sünde gegeben hätte. - Wo kein Glaube ist, da ist nur Furcht, Angst, Scheu und Traurigkeit."

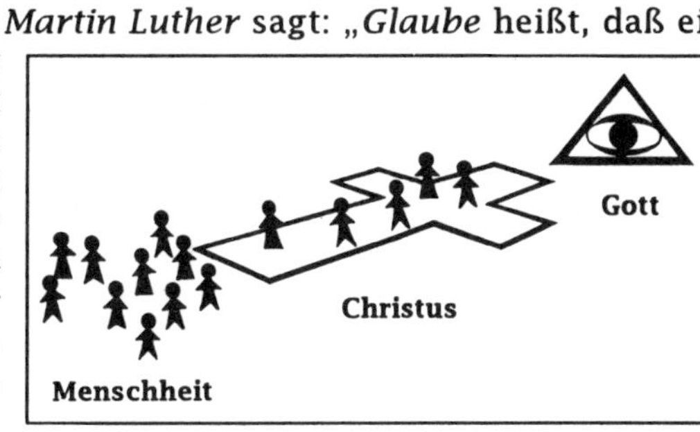

25. „Ich glaube an den Heiligen Geist“

Etwas *Geistiges* „anschaulich“ darzustellen, ist ein fast unmögliches Vorhaben. Doch weil wir Menschen von mancherlei „Geistern“ beeinflußt, beherrscht und geprägt werden, ist es ganz wichtig, daß wir „unseren Geist“ anstrengen und uns bewußtmachen, was „Geist“ bedeutet - und was wir unter dem „Heiligen Geist“ zu verstehen haben.

a) „Geister" beeinflussen uns

● Eine Fußballmannschaft ist 1:3 im Rückstand. Einige Spieler hatten mit erfolglosen Alleingängen das schlechte Abschneiden ihrer Mannschaft bewirkt. In der Halbzeit sagt der Trainer: „Ich appelliere an Euren Mannschafts*geist*: Laßt die Alleingänge, reißt Euch zusammen und kämpft!“ Die Mannschaft wird durch die Worte ihres Trainers ernüchtert und ermutigt. Sie möchte die Bezirksmeisterschaft gewinnen. Während der zweiten Halbzeit geben sich alle Spieler Mühe, besser aufeinander zu achten und den Ball dorthin zu spielen, wo ein Mitspieler günstig steht. Das Spiel endet 3:3; nach Verlängerung gewinnt die zunächst in deutlichem Rückstand befindliche Mannschaft sogar mit 4:3 Toren. Der „Mannschaftsgeist“ erwies sich als *wirkungsvolle Kraft*, die der Mannschaft schließlich den Sieg bescherte.

● Drei zehnjährige Mädchen spielen Verstecken. Die kleine achtjährige Claudia kommt dazu und fragt: „Darf ich mitspielen?“ Zwei der größeren Mädchen sind dagegen: „Hau ab, du blöde Ziege. Wir sind doch keine Babysitter!!!“ Traurig geht Claudia weiter. Eine alte Frau hat den Vorfall vom Balkon aus beobachtet. „Da kann man mal sehen, *wes Geister Kinder* die sind“, murmelt sie vor sich hin. Welcher Geist beherrschte die beiden Mädchen, die Claudia nicht mitspielen lassen wollten? Sie standen unter dem Einfluß des *Geistes des Hochmuts, der Lieblosigkeit* und *des Unverständnisses*. Dieser Geist hat Wirkungen auf ihr Verhalten anderen Menschen gegenüber. Claudia mußte unter diesem *„bösen Geist“* leiden.

● Geister, die uns Menschen beherrschen, sind *geistige Einflüsse, die Macht über uns ausüben*. Wir sind gar nicht so frei, wie wir oft zu sein meinen. Wir entscheiden oftmals auch gar nicht frei, sondern unsere Entscheidungen sind von allen möglichen geistigen Einflüssen mitbestimmt, z.B. von Werbespots aus dem Fernsehen oder von der gegenwärtig vor*herrschenden* Mode. Auch der *„Zeitgeist“* übt Einfluß auf uns aus: „*Man* tut dieses oder jenes“. „*Man* läßt dieses oder jenes“. Sehr viele Kirchenmitglieder verhalten sich nach dem *ungeschriebenen Gesetz*: „Man geht nicht zur Kirche.“ Sind sie in ihrer Entscheidung, nie oder ganz selten zum Gottesdienst zu gehen, wirklich frei?

● Ein Lehrer verliert die Beherrschung und schreit seine Klasse an, weil die Hausaufgaben von nur wenigen ordentlich gemacht worden sind. Später tut ihm das leid. Er sagt zu seiner Klasse: „Es tut mir leid, daß ich Euch so angeschrieen habe. Ich muß wohl *von allen guten Geistern verlassen* gewesen sein.“ - Auch bei einer Klassengemeinschaft sprechen wir von geistigen Einflüssen, die in einer Klasse wirksam sind. Die eine Klasse hat einen guten, eine andere einen schlechten *„Klassengeist“*. - Ein Mensch kann erfüllt sein vom *Geist der Freude*, vom *Geist der Zufriedenheit* oder auch vom *Geist der Traurigkeit*. Es kann einen der *Geist der Langeweile*, der *Geist des Hasses* oder auch der *Geist des Friedens* beherrschen. Manchmal treibt einen ein *„Ungeist“* um, der sich etwa in Streiterei oder schlechter Laune bemerkbar macht. Wer traurig ist, kann sich von einem fröhlichen Menschen mit dem *Geist der Freude* anstecken lassen. Wer vom Geist des Hasses oder des Friedens beherrscht wird, der kann andere Menschen mit seinem Geist anstecken und Haß oder Frieden unter seinen Mitmenschen verbreiten. Die unterschiedlichsten Geister üben Macht und Einfluß unter uns Menschen aus.

b) Auch Gottes Geist will uns beeinflussen

Wir haben bemerkt: Geister, die uns beherrschen, sind geistige Einflüsse, die Macht über uns ausüben. Es kommt darum sehr darauf an, *welchen* geistigen Einflüssen wir uns aussetzen: guten oder schlechten. Auch Gott beeinflußt uns Menschen: durch *seinen* Geist, den die Bibel den *„Heiligen Geist"* nennt. „Heilig" heißt: „zu Gott gehörig". „Heiliger Geist" bedeutet also: „der Geist, der zu Gott gehört", der *Geist Gottes.* Gott will uns Menschen durch seinen Geist beeinflussen. Auch sein Geist hat wichtige Wirkungen auf unser Leben:

Sie empfingen den heiligen Geist.
Apostelgeschichte 2,17

❀ Wenn Gott uns seinen Heiligen Geist schenkt, dann können wir Menschen an ihn *glauben.* Nur unter dem Einfluß des Heiligen Geistes kann man sagen: „Ich glaube an Jesus und Gott" (vgl. 1.Korinther 12,3b). Wenn wir Glaubensschwierigkeiten oder Zweifel an Gott haben, dann können wir *eines* tun: Gott um seinen Heiligen Geist bitten, damit wir glauben können. Unser Gebet wird nicht ungehört bleiben. Denn Jesus verheißt uns: „Der Vater im Himmel wird den Heiligen Geist denen geben, die ihn (darum) bitten" (Lukas 11,13). Etwa so kann man beten: „Gott, ich habe Schwierigkeiten zu glauben. Bitte schenke mir den Heiligen Geist, daß ich an dich glauben und dir vertrauen lerne. Amen."

❀ Wenn Gott uns seinen Heiligen Geist schenkt, dann können wir an ihn glauben. Dann ist die Kluft zwischen Gott und uns Menschen überwunden: die Sünde (= Gottesferne). Damit ist Gottes Absicht Wirklichkeit geworden, möchte er doch jeden Menschen in seiner Gemeinschaft haben (siehe S.15). Der Heilige Geist macht uns zu „Gottes Kindern" (Römer 8,14-16).

❀ Wenn Gott uns durch den Heiligen Geist zu Glaubenden gemacht hat, dann werden wir Gott in unserem Leben ernst nehmen. Dann lesen wir Gottes Wort, die *Bibel.* Dann nutzen wir das *Gespräch über Glaubensfragen* (etwa im Konfirmandenunterricht), um viel über Gott und Christus zu erfahren. Dann achten wir im Gottesdienst auf die *Predigt*, um zu hören, was *Gott* uns heute zu sagen hat (siehe S.7). Dann pflegen wir das *Gebet*, um mit Gott von uns aus zu sprechen.

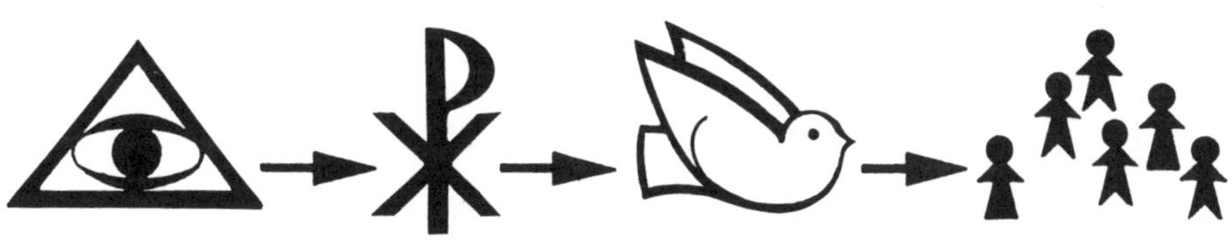

❀ Wenn Gott uns durch den Heiligen Geist zu Glaubenden gemacht hat, dann werden wir uns insbesondere auch mit seinem Sohn Jesus Christus auseinandersetzen. Der *Geist Jesu* wird uns dabei beeinflussen. An Christus können wir erkennen, was es heißt, Gott und den Nächsten zu lieben. In der „Glaubensschule Jesu" werden wir z.B. von seinem *Geist der Liebe* geprägt. Wird nicht unser Vertrauen und unsere Liebe zu Gott gestärkt, wenn wir Jesu Gleichnis vom verlorenen Sohn (Lukas 15,11-24) oder das vom barmherzigen, vergebungsbereiten König (Matthäus 18,23-27) vernehmen? Oder wenn wir darüber nachdenken, daß Jesus dem betrügerischen Oberzöllner Zachäus Gottes Liebe schenkt (Lukas 19,1-10)? Kann wirklich jemand, der über Jesu Gleichnis vom barmherzigen Samariter (Lukas 10,25-37) ernsthaft nachgedacht hat, hinterher völlig achtlos an der Not eines ihm begegnenden Menschen vorübergehen? Wenn wir uns mit Jesus beschäftigen, dann lassen wir den Geist Gottes und den Geist Jesu auf unser Denken, Fühlen und Handeln einwirken. Dann *öffnen wir uns dem Einfluß des Heiligen Geistes.*

❀ Der Heilige Geist beeinflußt also unser *Glaubensleben*. Er schenkt uns Hoffnung und Gottvertrauen. Und er macht uns zu liebevollen Menschen, deren Verhalten vom Geist der Liebe Jesu geprägt ist: „Der Geist Gottes läßt als Frucht eine Fülle von Gutem wachsen, nämlich Liebe, Freude, Frieden, Geduld, Freundlichkeit, Güte, Treue, Nachsicht und Selbstbeherrschung" (Galater 5,22 [Übersetzung „Die Gute Nachricht"]). Allerdings können wir „Früchte des Geistes" nur unter der Voraussetzung ernten, daß wir in der „Glaubensschule Jesu" mitmachen und uns Gottes Geist öffnen, wie sich die Hände in der Grafik [⇦] dem Heiligen Geist offen entgegenstrecken. Daß wir unseren Glauben ernst nehmen und uns mit Christus auseinandersetzen. Daß wir Gott zu uns sprechen lassen (Bibel / Predigt) und selber auch mit Gott reden (Gebet). Auf diese Weise kann Gottes Geist in uns wirken mit dem Ergebnis, daß wir „begeisterte" Christen werden.

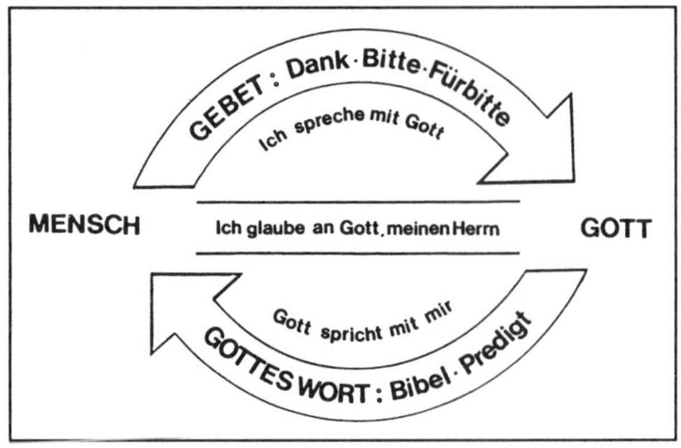

❀ Martin Luther sagt in seiner Erklärung zum dritten Artikels des Glaubensbekenntnisses vom *Heiligen Geist*: „Ich glaube, daß ich nicht aus eigener Vernunft noch Kraft an Jesus Christus, meinen Herrn, glauben oder zu ihm kommen kann. Sondern der Heilige Geist hat mich durch das Evangelium berufen, mit seinen Gaben erleuchtet, im rechten Glauben geheiligt und erhalten." „Im rechten Glauben geheiligt" bedeutet: Der Heilige Geist hat mich in die Gemeinschaft Gottes aufgenommen und bewirkt in mir Gottvertrauen und Liebe zu meinen Mitmenschen.

Drei Quizfragen zum Heiligen Geist

Am Pfingstfest erinnern sich die Christen an ein Sprachwunder, das eine Wirkung des Heiligen Geistes war. Menschen verschiedenster Völker verstanden plötzlich dieselbe Predigt. Wo geschah das? Wer predigte? Und von welchen Zeichen wurde dieses Geschehen begleitet? Nähere Informationen enthält Apostelgeschichte 2.

26. Die „heilige christliche Kirche“

a) Wesen und Auftrag der Kirche

In ***Matthäus 28,18-20*** sagt der auferstandene Christus zu seinen Jüngern: Gott hat „mir alle Gewalt im Himmel und auf Erden gegeben. Darum geht hin und macht zu Jüngern alle Völker: Tauft sie auf den Namen des Vaters und des Sohnes und des Heiligen Geistes und lehrt sie halten alles, was ich euch befohlen habe. Und siehe, ich bin bei euch alle Tage bis an der Welt Ende.“ Aus diesen wenigen Worten wird uns klar, *was die Kirche ist, wovon sie lebt und wozu sie da ist:*

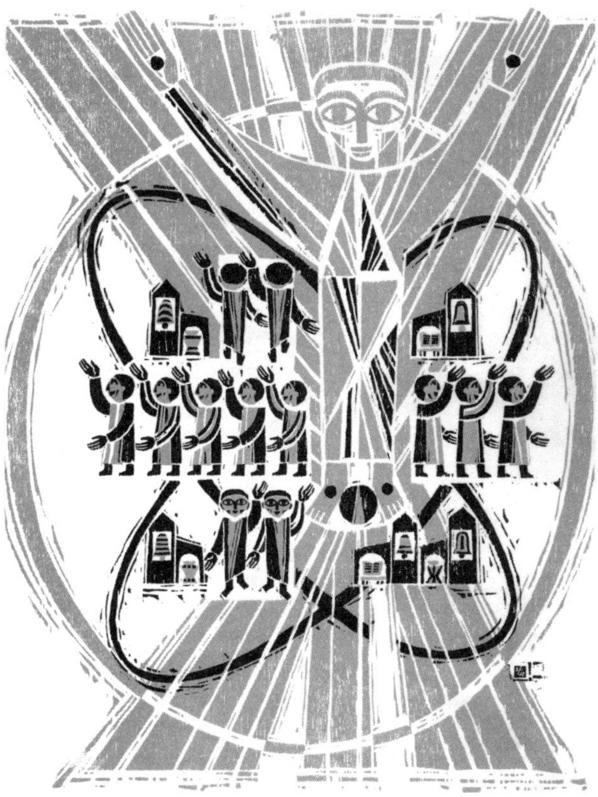

✣ Gott hat Christus „alle Gewalt im Himmel und auf Erden gegeben“. Er ist also der *Herr* (griechisch: „kyrios“), der Herr auch *der Kirche*. „Kirche“ kommt nämlich vom griechischen Wort „kyriakä“, das „dem Herrn gehörig“ bedeutet. Die „Kirche“ ist also eine Gemeinschaft von Menschen, die *zu Christus gehören* und *ihn als ihren Herrn bekennen.*

✣ Christus ist dadurch der Herr der Kirche und der einzelnen Christen, daß sie nach seinen Worten und Geboten leben: „Lehrt sie halten alles, was ich euch befohlen habe.“ Der wichtigste Inhalt der Lehre Jesu ist: „Liebe Gott – und deinen Nächsten wie dich selbst“ (z.B. Markus 12,28-34). Mit einprägsamen Gleichnissen und seinem Verhalten hat Jesus uns zur Gottes- und Nächstenliebe ermutigt (siehe z.B. S.73 letzter Absatz). Die Liebe zu Gott und zum Nächsten soll sich auch in der konkreten Gestalt und Arbeit der Kirche widerspiegeln: Gottesdienste, Räume zum Gespräch, Möglichkeiten zur Begegnung der Gemeindeglieder und diakonische Aktivitäten der Nächstenliebe (z.B. „Brot für die Welt“, Besuchsdienst, Heime für Behinderte) gehören *wesentlich gemeinsam* zum kirchlichen Leben.

✣ Wie werden Menschen zu lebendigen Gliedern der Kirche Jesu Christi? Durch den *Ruf der Predigt von Christus* lädt Gott uns Menschen in seine Gemeinschaft ein, stellt er ein Vertrauensverhältnis zwischen sich und uns her. Dieser *Glaube* ist zugleich unsere persönliche ge*hor*same Antwort auf Gottes *Ruf* (Römer 10,17). Durch fortgesetzte *biblische Unterweisung* vertieft Gott unseren Glauben und unsere Gotteserkenntnis (z.B. 2.Timotheus 3,14-17). Durch die *Taufe* werden wir Menschen in die Gemeinschaft der Kirche Jesu Christi aufgenommen (z.B. Apostelgeschichte 2,41). „Macht alle Völker zu Jüngern und tauft sie“: mit diesem Wort Jesu sind die christlichen Kirchen zu missionarischer Verkündigung beauftragt. Sie sollen *alle Menschen* zum Glauben rufen, wo immer sie leben. Sie sollen die in Distanz zur Kirche lebenden Gemeindeglieder an ihre Zugehörigkeit zu Christus und seiner Kirche erinnern („innere Mission“) und sein Wort in aller Welt verbreiten („äußere Mission“).

✣ Der auferstandene Christus läßt seine Christen und die Kirche bei der Erfüllung ihres Missionsauftrags nicht allein. Er ist im verborgenen bei seiner Christenheit: „Siehe, ich bin bei euch alle Tage bis an der Welt Ende.“ Die Kirche lebt davon, daß Christus sie durch die Zeiten führt, auch jeden einzelnen Christen, auch uns. Er ist immer da. Jeder kann jederzeit zu ihm beten, auch wir.

✣ Durch seine Kirche ruft Jesus Christus weltweit Menschen in *Gottes Gemeinschaft*. Darum wird die Kirche im Glaubensbekenntnis auch die *heilige* christliche Kirche genannt. „Heilig“ heißt ja: „zu Gott gehörig". Als Mitglieder der Gemeinschaft der Kirche Jesu Christi sind wir „heilig", das heißt: *wir gehören zu Gott.* Wenn Paulus etwa seinen Römerbrief, die Korintherbriefe und den Philipperbrief an die „Heiligen" in Rom, Korinth und in Philippi adressiert, dann meint er: an die Menschen in Rom, Korinth oder Philippi, die zu Gott gehören (Römer 1,7; 1.Korinther 1,2; 2.Korinther 1,1; Philipper 1,1).

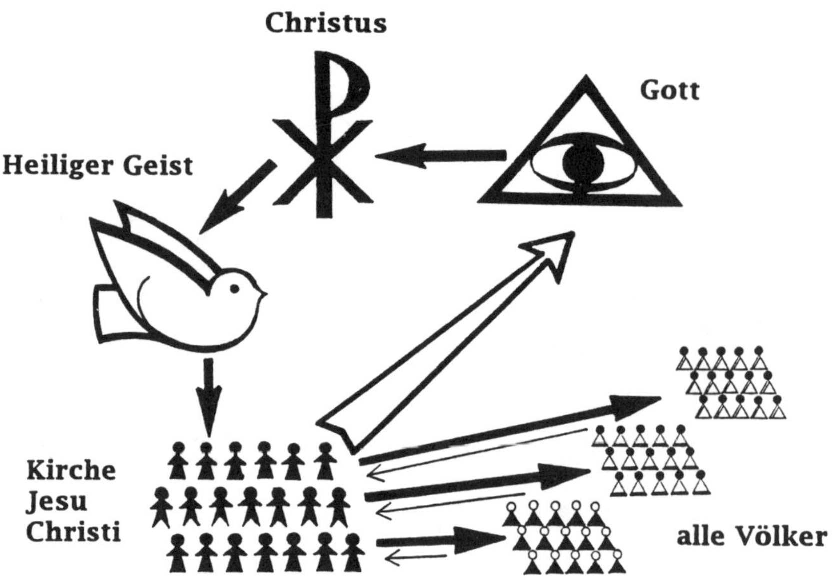

Das Schaubild [⇧] will folgendes zeigen: Wenn Menschen weltweit durch die Verkündigung des Evangeliums zum Glauben an Jesus Christus und Gott finden, werden sie Glieder der Kirche Jesu Christi. In der Gemeinde der Christen leben sie ihr Leben dann in Gottes Gemeinschaft.

b) Die Kirchen bezeugen Christus weltweit

Der auferstandene Christus erteilt seinen Jüngern den Auftrag, „aller Welt" weiterzusagen und zu bezeugen, was sie mit Jesus erlebt und von ihm gelernt haben (Matthäus 28,20). Ähnlich sagt Christus beim Abschied von seinen Jüngern („Himmelfahrt": siehe S.70) in der *Apostelgeschichte*: „Ihr werdet die Kraft" für euer missionarisches Wirken „empfangen", wenn der Heilige Geist über euch kommt, und „werdet meine Zeugen sein in Jerusalem und in ganz Judäa und in Samarien und bis an das Ende der Erde" (Apostelgeschichte 1,8). Die Apostelgeschichte berichtet, wie die *Jünger Jesu und andere Christen* von Jerusalem aus nach Judäa (das Land um Jerusalem herum) gingen und das Evangelium (= die frohe Botschaft) von Jesus Christus weitersagten. Sie gelangten auch in das an Judäa angrenzende Samarien und weit darüber hinaus. Der *Apostel Paulus* schließlich brachte das Evangelium nach Kleinasien und zu den Griechen. Am Ende seines Lebens kam er in die Hauptstadt des Römischen Reiches: nach Rom (Apostelgeschichte 28,11). So sehen wir bereits im Neuen Testament, wie sich die Kirche weit über die Grenzen Palästinas hinaus ausbreitet.

In den Jahrhunderten danach entstand eine *weltweite Kirche*: in Europa, Teilen Afrikas und Vorderasiens bildeten sich durch die christliche Mission überall Christengemeinden und in ihrem Gefolge ganze Kirchen. Vom Mittelalter an brachten Missionare den christlichen Glauben nach Amerika, ganz Afrika, Australien, China, Japan, Indien usw. Das Wort „Kirche" hat vielfältige Bedeutung. Wir verstehen darunter das *Kirchengebäude*, die *Kirchengemeinde* und die *Institution Kirche* (Landeskirchen; Evangelische Kirche in Deutschland; Katholische Kirche). „Kirche" ist aber auch die *weltweite Christenheit.*

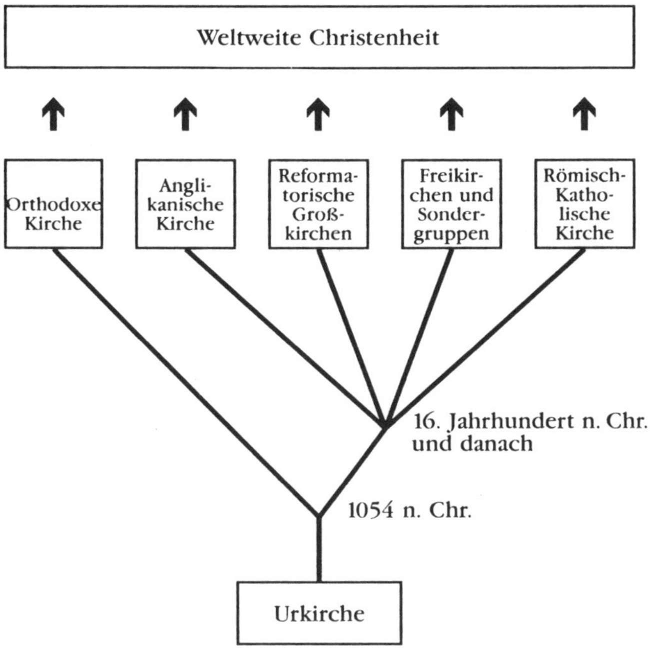

Im Lauf der Jahrhunderte haben sich in der weltweiten Christenheit unterschiedliche *Konfessionen* (Glaubensrichtungen) herausgebildet (siehe die Abbildung [⇦]). Im zwanzigsten Jahrhundert führte das Leiden an der Zerteilung *„der* Kirche" in Kirchen mit unterschiedlichen Konfessionen zu dem Verlangen, die Grenzen zwischen den einzelnen Kirchen zu überwinden. Im Jahre 1948 wurde der ***„Ökumenische Rat der Kirchen"*** gegründet („Ökumene" bedeutet: „die ganze Welt umfassend"), in dem die einzelnen Kirchen entweder *Mitglieder* sind (orthodoxe, anglikanische und reformatorische Kirchen; Freikirchen) oder zumindest mit dem Ökumenischen Rat *zusammenarbeiten* (römisch-katholische Kirche; einige Freikirchen). Die jeweiligen Mitgliedskirchen des Ökumenischen Rats haben *in Einzelfragen* zwar *unterschiedliche Auffassungen vom christlichen Glauben. Gemeinsam* ist ihnen aber *das Bekenntnis zu Jesus Christus*: „Der Ökumenische Rat der Kirchen ist eine Gemeinschaft von Kirchen, die den Herrn Jesus Christus gemäß der Heiligen Schrift als Gott und Heiland bekennen und darum zu erfüllen trachten, wozu sie gemeinsam berufen sind, zur Ehre Gottes des Vaters und des Sohnes und des Heiligen Geistes."

Wie ein Bischof sein soll

Das steht in 1.Timotheus 3,1-7. Fünf der auf dem Bild aufgeführten Eigenschaften finden sich in der Bibel aber nicht. Male die Kästen aus, die mit den Angaben von 1.Timotheus 3,1-7 übereinstimmen.

27. Die „Gemeinschaft der Heiligen“

Durch das missionarische Wirken der Jünger wuchs die Zahl der Christen ständig. Erste Christengemeinden entstanden, später ganze Kirchen. Die ersten Gemeinden waren überschaubar. Sie lebten in einer heidnischen Umwelt, die Jupiter, Zeus, Artemis (das Bild [⇦] zeigt Ruinen eines Artemistempels in Gerasa [siehe die Karte S.47]; im Hintergrund der Säulen sieht man das „Allerheiligste“, in dem ein Standbild der Göttin Artemis stand) oder den römischen Kaiser als Gott anbeteten. So hielten die Christen fest zusammen, um *sich gegenseitig im Glauben zu stärken* und *einander* bei Problemen oder in Situationen von Unterdrückung oder gar Verfolgung *zu helfen*. Sie feierten gemeinsam Gottesdienste und das Abendmahl, beteten zusammen und aßen miteinander (z.B. Apostelgeschichte 2,41-47). Überall dort, wo neue Gemeinden und Kirchen entstanden, schlossen sich die „Heiligen“ = die *zu Gott gehörenden Glaubenden* (siehe S.76 oben) eng zusammen, um ihren Weg als Christen in einer andersgläubigen Umwelt gemeinsam zu gehen.

Die zahlreichen *Briefe des Neuen Testaments* wollten den jungen Gemeinden *Orientierung* auf ihrem „neuen Weg“ (Apostelgeschichte 19,23) geben. In den Briefen werden Fragen angesprochen, die die Gemeinden beschäftigten, z.B.: ● Haben Christen totale Freiheit, nachdem sie sich von den heidnischen Göttern zum lebendigen Gott bekehrt haben (1.Korinther 10, 23-24; 12,2)? ● Sollen Christen gegeneinander vor heidnischen Gerichten prozessieren (1.Korinther 6,1)? ● Wie sollte das Leben innerhalb der Christengemeinde und das Zusammenleben von Christen und Nichtchristen aussehen (lies Römer 12,9-21)? ● Wie sollen sich die Christen verhalten, wenn andersgläubige Mitbürger sie unter Druck setzen (lies 1.Petrus 4,12 -16)? ● Welche Hoffnung dürfen Christen angesichts von Tod und Vergänglichkeit haben (lies 1.Thessalonicher 4,13-18)?

Freut euch, daß eure Namen im Himmel geschrieben sind. *Lukas 10,20*

Unsere Kirchensituation heute ist eine *völlig andere*. Bei uns gehören etwa 75-80 Prozent der Bevölkerung in den „alten“ und rund 20-25 Prozent in den „neuen Bundesländern“ einer der großen christlichen Kirchen an (in den Großstädten sind es jeweils weniger). Jedoch halten sich nur wenige Kirchenmitglieder zur „Gemeinschaft der Heiligen“: Nur wenige nehmen am gottesdienstlichen Leben, an Gruppen, Gesprächskreisen oder sonstigen Angeboten ihrer Kirchengemeinde teil. Insgesamt sind es nicht viele, die im Kindergottesdienst, im Kirchenvorstand, im Kirchenchor oder sonstwo mitarbeiten. Die meisten Kirchenmitglieder in den evangelischen Landeskirchen leben *in Distanz zu ihrer Kirchengemeinde*. Noch werden zwar die meisten Kinder getauft und konfirmiert. Doch längst nicht alle Eltern achten darauf, daß ihre getauften Kinder auch den Kindergottesdienst besuchen. Und nach der Konfirmation verhalten sich die meisten Konfirmierten so, wie es ihnen die Mehrheit der Gemeindeglieder vorlebt: Sie kümmern sich nicht weiter um Gott, ihren Glauben und ihre Kirche.

Die Distanz vieler Kirchenmitglieder zu ihrer Kirche führt dazu, daß viele auf „*die* Kirche“ schimpfen. Gewiß gibt es viel berechtigte Kritik an der Kirche: an Pfarrer(inne)n und Mitarbeiter(inne)n, die allerdings *auch nur Menschen* sind, oder etwa an den mitunter belanglosen Inhalten kirchlicher Arbeit. Aber darüber „schimpfen“ hilft nicht weiter. Kritiker der Kirche vergessen sehr leicht, daß *sie selber auch ein Teil der von ihnen kritisierten Kirche* sind. Sie sollten sich fragen, wieweit *auch sie* für die Zustände mitverantwortlich sind, die sie kritisieren.

„Merkwürdig: alle haben eine Fahrkarte, aber kaum einer fährt mit.“

Die Distanz vieler Kirchenmitglieder zu ihrer Kirche stellt ein großes Problem dar. Denn *wir brauchen die „Gemeinschaft der Heiligen“* - das ist *die Kirche Jesu Christi* - , wenn wir als einzelne Christen unser Leben in Gottes Gemeinschaft führen wollen. Durch das *Hören auf Gottes Wort* („Gott spricht mit mir“), durch das *Gebet* („Ich spreche mit Gott“) und auch durch das *Zusammensein mit unseren Mitchristen* bleibt unser Glaube lebendig (siehe S.5-6 Abschnitt b). Zwei Vergleiche sollen uns deutlich machen, daß die christliche Gemeinschaft wie auch die aktive „Pflege“ unseres Glaubens *notwendig* sind:

O Wenn man einen glühenden Holzscheit aus dem Feuer nimmt und beiseite legt, dann wird er langsam verlöschen, während das Feuer weiterbrennt. Wenn ein Christ die Gemeinschaft der Christen (im Bild: das „Feuer“) verläßt, dann wird sein Glaube langsam erkalten und verkümmern.

O Wenn eine Pflanze nicht gepflegt wird, wenn man ihr kein Wasser gibt, dann wird sie eingehen. Wenn das „Pflänzchen Glaube“, das der Heilige Geist in uns eingepflanzt hat, nicht durch Gottes Wort, das Gebet und das Gespräch mit anderen Christen gepflegt wird, dann wird es verkümmern und eingehen. Die Kirchengemeinde ist der Ort, in dem unsere Glaube wachsen und reifen kann.

Herr, erwecke deine Kirche *und fange bei mir an.*
Herr, baue deine Gemeinde *und fange bei mir an.*
Herr, laß Frieden und Gotteserkenntnis überall auf Erden kommen *und fange bei mir an.*
Herr, bringe deine Liebe und Wahrheit zu allen Menschen *und fange bei mir an.* Amen.

28. Die Taufe

a) „Vergebung der Sünden"

■ ***Wiederholung: Was ist Sünde?*** Ein *Sünder* ist nach der Bibel ein Mensch, der sein Leben nicht in der Gemeinschaft des wahren und lebendigen Gottes lebt. Vielleicht hat er nie richtig gehört oder verstanden, daß Gott ihn liebt. So bleibt Gott ihm fremd. „Andere Götter" nehmen in seinem Leben die Stelle Gottes ein, z.B. Geld, Arbeit, Hobbys oder „Kulte". *Sünde* ist also ein Leben ohne Gott, der Unglaube, ja geradezu die Ablehnung Gottes (Römer 8,7). Weil Gott dem Sünder uninteressant ist, sind ihm auch die Gebote unwichtig, die Gott uns Menschen zum Gelingen unseres Lebens gab. Der Sünder wird also *sündigen*, das heißt Gottes Gebote nicht beachten und sie übertreten. Er wird etwa um des eigenen Vorteils willen stehlen (7. Gebot) oder die Unwahrheit sagen (8. Gebot) usw. Christen, die sich bemühen, Gott und seine Gebote ernstzunehmen, verhalten sich oft nicht anders, weil sie Sünder sind und bleiben (1.Johannes 1,8-9).

■ ***Jesus nimmt Menschen in Gottes Gemeinschaft auf, indem er ihnen die Sünden vergibt:*** Gott hat Jesus zu uns Menschen gesandt, weil er unsere Gottesferne (= Sünde) überwinden will. Jesus sagt uns: Gott liebt euch, er will etwas von euch wissen, auch wenn ihr nichts von ihm wissen wollt. Ihr braucht vor Gott keine Angst zu haben. Kommt in seine Gemeinschaft - so wie ihr seid. Den betrügerischen Zöllner Zachäus nimmt Jesus in Gottes Gemeinschaft auf (Lukas 19,1-10; siehe S. 56-57 Abschnitt a). Mit dem Gleichnis vom barmherzigen König und seinem unbarmherzigen Knecht macht Jesus uns deutlich, daß Gott uns alle Sünden vergibt und daß wir einander ebenfalls unsere Schuld verzeihen sollen (Matthäus 18,23-35; siehe S.53-55 Abschnitte b und c). Dem Gelähmten vergibt Jesus im Auftrag Gottes die Sünden (Markus 2, 1-12; siehe S.57 Abschnitt b).

■ ***Durch seine Kirche ruft Christus heute Sünder in Gottes Gemeinschaft:*** Heute ruft Jesus alle Menschen durch das weltweite Handeln seiner Kirche in Gottes Gemeinschaft - auch uns. In Predigten, im Konfirmandenunterricht, im Gesprächskreis über die Bibel, in Krankenhausandachten, im persönlichen Gespräch von Christen miteinander, im „Wort zum Sonntag" oder in einer diakonischen Einrichtung versuchen Christen deutlich zu machen oder zu begreifen: Der barmherzige Gott liebt alle Menschen, darum kann jeder zu ihm kommen. Gott nimmt uns an, ob wir viel oder wenig gesündigt haben. Er vergibt jedem, der „Buße tut" (= seine Sünde erkennt, bekennt und zu Gott „umkehrt": Markus 1,15; Lukas 15,21-24) - auch uns. Die Kirche Jesu Christi hat drei besondere *„Orte"* empfangen, in denen uns Menschen die Vergebung der Sünden und damit die Gemeinschaft Gottes in besonderer Weise zugesprochen werden: die *Taufe* - das *Abendmahl* - und die *Beichte*. Beginnen wir mit der Taufe:

b) Gott nimmt Sünder in seine Gemeinschaft auf: die Taufe

Mit seiner Taufe wird ein Mensch in die Gemeinschaft Gottes und in die Gemeinschaft der Kinder Gottes, also in die Kirche aufgenommen (Apostelgeschichte 2,41). Jesus selbst hat seine Kirche beauftragt, das Evangelium zu verkündigen und zu taufen: „Geht hin und macht zu Jüngern (= zu Christen) alle Völker: Tauft sie auf den Namen des Vaters und des Sohnes und des Heiligen Geistes und lehrt sie halten alles, was ich euch befohlen habe" (Matthäus 28,19-20).

Taufe

In der Taufe sagt Gott ja zu uns. Er will unser Gott sein, und wir sollen seine Kinder sein.

♦ ***Die Worte bei der Taufe:*** Wenn in unserer Kirche beim Taufakt Wasser über den Kopf des Täuflings geträufelt wird, begleiten diese Handlung gewöhnlich folgende Worte: „[Name des Täuflings], ich taufe dich auf den Namen Gottes des Vaters und des Sohnes und des Heiligen Geistes." Das bedeutet soviel wie: „Gott sagt zu dir - dem Täufling - Ja. Er nimmt dich in seine Gemeinschaft auf. Du gehörst nun zu Gott und zur Kirche Jesu Christi. Durch seinen Heiligen Geist ist Gott im Verborgenen bei dir und will dich durch dein Leben in die Ewigkeit geleiten." - Der Taufakt wird darum etwa mit folgenden Worten abgeschlossen: „So wirklich du nun getauft bist, so wirklich will Gott auch dein Gott sein, der dich liebt und mit dir geht. Friede sei mit dir."

♦ ***Das Wasser bei der Taufe:*** In der Christenheit sind zwei etwas unterschiedliche Taufhandlungen in Gebrauch, die *beide* auf das biblische Verständnis des Taufgeschehens zurückzuführen sind:

① In einigen Kirchen wird bei der Taufe *der ganze Mensch im Taufwasser untergetaucht* (z.B. Apostelgeschichte 8,35-38). Mit diesem Akt kommt der Sinn der Taufe sichtbar zum Ausdruck: Der *Sünder* (= der Mensch in mir, der von Gott nichts wissen will) *wird ertränkt*. Aus der Taufe geht ein *neuer Mensch* hervor, der ganz zu Gott gehört und sein Leben in Liebe zu Gott und seinem Nächsten zu leben sich bemühen soll. In diesem Sinn schreibt der Apostel Paulus von der Taufe: „Durch die Taufe sind wir alle mit Jesus Christus verbunden worden. Wißt ihr nicht, was das bedeutet? Die Taufe verbindet uns mit seinem Tod. Als wir getauft wurden, wurden wir mit ihm begraben. Aber wie er durch die wunderbare Macht Gottes, des Vaters, vom Tod auferweckt wurde, so können und sollen auch wir jetzt ein neues Leben führen ... Ein für allemal starb Christus für die Sünde. Jetzt lebt er für Gott. Genauso müßt ihr von euch selbst denken: Ihr seid tot für die Sünde, aber weil ihr mit Jesus Christus verbunden seid, lebt ihr für Gott" (Römerbrief 6,3-4.10-11 [Übersetzung „Die Gute Nachricht"]).

② In vielen Kirchen wird *symbolisch nur etwas Wasser über den Kopf des Täuflings geträufelt*. Diese Form der Taufe macht eher einen anderen biblischen Taufgedanken anschaulich: Das symbolische Besprengen des Kopfes des Täuflings mit Wasser führt uns vor Augen, daß wir durch die Taufe *von den Sünden gereinigt* werden. Die Sünde wird „abgewaschen", das heißt sie wird uns *vergeben*: „Steh auf und rufe seinen (Jesu) Namen an und laß dich taufen und deine Sünden abwaschen" (Apostelgeschichte 22,16).

Ob nun Taufe durch Untertauchen (= symbolischer Tod des Sünders) oder durch Beträufeln mit Wasser (= Reinigung von der Sünde): beide Taufformen haben *denselben Sinn*: Gott nimmt uns durch die Taufe in seine Gemeinschaft auf. Sünde soll nicht mehr trennend zwischen Gott und uns stehen.

c) Kindertaufe und Konfirmation

▼ ***Die Kindertaufe:*** Menschen können in jedem Alter getauft werden. In der evangelischen und katholischen Kirche der Bundesrepublik werden sehr viele Kinder im Säuglingsalter getauft. Diese Praxis geht auf die ***Kindersegnung Jesu (Markus 10,13-16)*** zurück: „Und sie brachten Kinder zu ihm (Jesus), damit er sie anrühre. Die Jünger aber fuhren sie an. Als es aber Jesus sah, wurde er unwillig und sprach zu ihnen: ‚Laßt die Kinder zu mir kommen und wehrt ihnen nicht; denn solchen gehört das Reich Gottes. Wahrlich, ich sage euch: Wer das Reich Gottes nicht empfängt wie ein Kind, der wird nicht hineinkommen.' Und er herzte (= umarmte) sie und legte die Hände auf sie und segnete sie."

Denn der Sohn Gottes, Jesus Christus, der war nicht Ja und Nein, sondern es war Ja in ihm. *2.Korinther 1,19*

Jesus segnet die kleinen Kinder und spricht ihnen die Zugehörigkeit zum Reich Gottes, also Gottes Gemeinschaft zu. Wenn wir kleine Kinder taufen, dann soll deutlich werden: ① Auch die ganz kleinen Kinder sollen *vom Anfang ihres Lebens an* zur Kirche, also zur Gemeinschaft der Kinder Gottes dazugehören. ② Mit der Taufe der Säuglinge zeigt Gott uns, daß er sich um uns Menschen kümmert, bevor wir uns um ihn kümmern. Daß er uns liebt, bevor wir ihn lieben können. Daß er Ja zu uns sagt, bevor wir Ja zu ihm sagen. Das bedeutet: *Gott tut den ersten Schritt auf uns Menschen zu.* „Darin besteht die Liebe: nicht daß wir Gott geliebt haben, sondern daß er uns geliebt hat und gesandt seinen Sohn zur Versöhnung für unsre Sünden ... Laßt uns lieben, denn er hat uns zuerst geliebt" (1.Johannes 4,10.19).

▲ ***Konsequenzen der Kindertaufe: die christliche Erziehung und die Konfirmation:*** Jesus sagt: „Macht zu Jüngern alle Völker: Tauft sie ... und lehrt sie halten alles, was ich euch befohlen habe" (Matthäus 28,19-20). Wenn kleine Kinder im Säuglingsalter getauft werden, dann müssen sie erfahren, daß sie zu Gott und zur Kirche gehören. Die Eltern versprechen darum bei der Kindertaufe, daß sie ihre Kinder *christlich erziehen* werden. Sie können ihre Kinder das *Beten* lehren. Sie können ihnen *von der Liebe Gottes und von Jesus erzählen.* Sie können die Kinder am *Kindergottesdienst* und später am *Konfirmandenunterricht* teilnehmen lassen. Sie sind besonders dann gute Vorbilder für ihre Kinder, wenn sie sich selber zur Kirche, also zur Gemeinschaft der Christen halten und liebevoll und christlich leben. Für Konfirmand(inn)en ist es eine große Hilfe, wenn ihre Eltern sie im Konfirmandenalter in den Gottesdienst begleiten und mit ihnen über das Erlebte sprechen. Mit solchem Verhalten bezeugen sie ihren Kindern, daß auch ihnen der Glaube an Gott und die Gemeinschaft der Christen wichtig ist.

Konfirmation

Konfirmation heißt ja sagen zur Taufe.
Ziel des Konfirmandenunterrichts ist es, die Taufzusage zu verstehen und anzunehmen.

Gott sagt in der Taufe dem Täufling seine Liebe zu. Dieses Handeln Gottes erfordert eine Antwort: das *Ja des Getauften zu Gott.* Der *Konfirmandenunterricht* soll die getauften Kinder - und auch die ungetauften - in den christlichen Glauben einführen. Am Ende des Konfirmandenunterrichts steht der *Konfirmationsgottesdienst.* Da werden die Konfirmand(inn)en gefragt, ob sie sich zu Gott bekennen, ob sie Ja zu ihm sagen und ob sie ihr Leben mit und nicht ohne Gott in der Gemeinschaft anderer Christen verbringen wollen. In der Taufe hat Gott zu ihnen Ja gesagt und sie in die Gemeinschaft der Kirche aufgenommen. Nachdem sie durch den Konfirmandenunterricht in den christlichen Glauben eingeführt worden sind, *bekennen sie sich im Konfirmationsgottesdienst in eigener Verantwortung zu ihrer Taufe und sagen Ja zu Gott und zum christlichen Glauben.*

Die Problematik der Konfirmation: Im Konfirmationsgottesdienst versprechen die Konfirmand(inn)en, ihr Leben mit und nicht ohne Gott zu verbringen, und zwar in der Gemeinschaft der christlichen Gemeinde. Nun ist es eine Tatsache, daß für viele Konfirmand(inn)en der Konfirmationsgottesdienst nicht der Anfang eines bewußteren Lebens mit Gott ist, sondern daß sich sehr viele nach ihrer Konfirmation von ihrer Gemeinde abwenden, den Gottesdienst meiden und den Dienst der Kirche erst wieder etwa bei ihrer Trauung in Anspruch nehmen. Wie paßt dieses Verhalten zu dem im Konfirmationsgottesdienst abgelegten Bekenntnis, ein Leben mit Gott innerhalb der Gemeinde führen zu wollen? Heucheln die Konfirmand(inn)en im Konfirmationsgottesdienst, um in den Genuß der Konfirmationsfeier und der vielen Konfirmationsgeschenke zu kommen?

Die große Zahl bleibt Hirtentraum . . .

. . . um dessen Erfüllung weiterhin gebetet werden darf.

Es scheint so zu sein, daß die meisten Konfirmand(inn)en am Konfirmationstag ihr Bekenntnis mit ehrlichem Herzen sprechen. Doch nach der Konfirmation treten sie in eine kirchliche Umwelt ein, die ihnen die Erfüllung ihres Konfirmationsversprechens schwer macht. Über den christlichen Glauben wird in vielen Familien nie oder kaum gesprochen. Am gottesdienstlichen oder sonstigen Leben ihrer Gemeinde nehmen die meisten Eltern von Konfirmand(inn)en oder Konfirmierten nicht teil. Das bedeutet ganz praktisch: Konfirmierte haben keine guten Vorbilder und wenig oder keine Unterstützung von zu Hause, gemäß ihrem Konfirmationsbekenntnis zu leben. Es kann ihnen sogar passieren, daß sie von ihren Eltern oder Geschwistern lächerlich gemacht werden, wenn sie nach der Konfirmation zum Gottesdienst gehen oder sich in der Jugendarbeit ihrer Gemeinde engagieren möchten: „Was – Du rennst wieder zur Kirche? Du hast es wohl nötig!" Die große Distanz vieler Kirchenmitglieder ihrer Gemeinde gegenüber (siehe S.78–79) ist das *eigentliche Problem*, das die gegenwärtige Konfirmationspraxis in Frage stellt und den Konfirmierten die Erfüllung ihres Konfirmationsversprechens erschwert.

Jesus sagt: „Der (Heilige) Geist ist's, der lebendig macht ... Die Worte, die ich zu euch geredet habe, die sind Geist und sind Leben" (Johannes 6, 63). In der Hoffnung auf Gottes Geist, der die Kirche mit *neuem Leben* erfüllen kann, haben die in der Kirche Verantwortlichen nach Wegen zu suchen, wie der schleichenden „Entkirchlichung" *sachgemäß* begegnet werden kann, wie wieder mehr Menschen an das *„Gespräch des Glaubens"* („Gott spricht mit mir" / „Ich spreche mit Gott") herangeführt werden können. Wenn es in unserem Land wieder *selbstverständlicher* wird, sich zu Gott und seiner Kirche zu bekennen, dann werden auch mehr Konfirmierte Hilfe und Unterstützung haben, so zu leben, wie sie es bei ihrer Konfirmation versprochen haben: *mit Gott*.

Das Geheimnis der Konfirmation

Der Pfarrer erzählt dem André, woran die Konfirmation (genauso wie die „Firmung" in der katholischen Kirche) erinnern soll. Wer die Punkte in der richtigen Reihenfolge verbindet, der erfährt schnell, was der Pfarrer meint.

29. Das Abendmahl

a) Die Einsetzungsworte

Immer wenn wir im Gottesdienst das Abendmahl feiern, wird an die Einsetzung des Abendmahls durch Jesus (siehe Abschnitt a auf S.61) erinnert, indem die *„Einsetzungsworte"* verlesen werden. Sie halten fest, was die Evangelisten Matthäus, Markus und Lukas sowie der Apostel Paulus vom letzten Mahl Jesu berichten:

„Unser Herr Jesus Christus, in der Nacht, als er verraten ward, nahm er das Brot, dankte und brach's und gab's seinen Jüngern und sprach: ‚Nehmet hin und esset: Das ist mein Leib, der für euch gegeben wird; solches tut zu meinem Gedächtnis.' Desgleichen nahm er auch den Kelch nach dem Abendmahl, dankte und gab ihnen den und sprach: ‚Nehmet hin und trinket alle daraus: Dieser Kelch ist das Neue Testament in meinem Blut, das für euch vergossen wird zur Vergebung der Sünden; solches tut, sooft ihr's trinket, zu meinem Gedächtnis.'" Beim Abendmahl „verspeisen" wir nicht Jesus selbst, sondern nach dem Einsetzungsbericht ist der *Sinn der Abendmahlsfeier* folgender:

b) Das Abendmahl ist ein Erinnerungsmahl

Innerhalb der Einsetzungsworte heben sich die *Deuteworte* heraus. Sie machen besonders *deut*lich, daß wir uns beim Abendmahl *des Todes Jesu für uns erinnern* sollen, der die Grundlage des „Neuen Testaments" (= des „neuen Bundes") ist (siehe S.14 erster Absatz und S.17).

Im folgenden sind die Deuteworte zum besseren Verständnis in einer etwas umschreibenden Weise wiedergegeben: „Nehmt dieses Brot und eßt es. So wie ich dieses Brot breche und euch gebe, so wird auch mein Leib gebrochen und für euch dahingegeben werden. Eßt gebrochenes Brot immer wieder zu meinem Gedächtnis." - „Nehmt diesen Kelch mit Wein und trinkt alle daraus. Den roten Wein dieses Kelches sollt ihr empfangen als mein Blut, das für euch vergossen wird zur Vergebung eurer Sünden. Trinkt von diesem Wein immer wieder zu meinem Gedächtnis." Wir essen *Brot* und trinken *Wein* zum Gedächtnis an Jesu Hingabe für uns Menschen am Kreuz.

c) Das Abendmahl ist ein Ort der Begegnung mit dem auferstandenen Christus

Wenn wir in der Kirche das Abendmahl feiern, lädt der Pfarrer oder die Pastorin dazu ein, das Abendmahl zu empfangen. Pfarrer(in) - und häufig auch Helfer - teilen dann das Abendmahl aus. Doch der eigentlich Einladende und Gastgeber beim Abendmahl ist *der auferstandene Christus*: „Wo zwei oder drei versammelt sind in meinem Namen, da bin ich mitten unter ihnen" (Matthäus 18,20). Im Verborgenen ist Christus uns in jedem Gottesdienst nahe. Insbesondere dürfen wir seine Nähe erfahren, wenn er uns zum Abendmahl an seinen Tisch lädt und unseren Glauben mit Brot und Wein stärken will.

Brot und Wein - Christi Leib und Christi Blut - sollen uns als *sichtbare Hinweise auf die verborgene Gegenwart Christi* dienen. Der auferstandene und zu Gott erhöhte Christus (siehe S.70) schenkt uns in Brot und Wein seine Tischgemeinschaft, wie er in seinen Erdentagen mit Zöllnern, Sündern und seinen Jüngern Mahlgemeinschaft hielt (z.B. Matthäus 9, 9-13; siehe S.57 oben). Auch heute lädt er gerade *uns Sünder* an seinen Tisch. Das bedeutet: Wir sind ihm willkommen, so wie wir sind: mit unseren Fehlern, mit unserer mangelhaften Nächstenliebe, mit unserer Nichtachtung Gottes. Für diese unsere Sünden ist Christus ja gestorben. Sie sollen uns darum nicht mehr von Gott trennen. Er vergibt sie uns. Zum Zeichen dessen lädt der auferstandene Christus uns gerade beim Abendmahl in seine Tischgemeinschaft, damit er uns nahe sein kann - und wir ihm. - Das Bild [↖] zeigt die „Patene" für die Oblaten und den „Niellokelch"; er ist einer der wertvollsten Abendmahlskelche überhaupt (etwa 1180 n. Chr.).

d) Das Abendmahl ist ein Gemeinschaftsmahl der Glaubenden

Ob schwarz oder weiß, begabt oder unbegabt, alt oder jung, arm oder reich, vorbestraft oder „ordentlich" - alle sind zum Abendmahl eingeladen. Denn allen vergibt Christus ihre Sünden, alle will er um sich sammeln.

So ist das Abendmahl ein *Gemeinschaftsmahl*, bei dem alle Christen - wie unterschiedlich sie auch sein mögen - um den Tisch des Herrn zusammenkommen: Sie essen *dasselbe Brot* - sie trinken aus *demselben Kelch* - sie sind *geeint im Glauben an Christus, ihren Herrn.* Das Abendmahl kann uns in besonderer Weise veranschaulichen, daß wir als Christen *zusammengehören*, auch wenn jeder nach dem Abendmahl wieder seine eigenen Wege geht: „Denn *ein* Brot ist's: So sind wir viele *ein* Leib (= *eine* Christusgemeinschaft), weil wir alle an *einem* Brot teilhaben" (1.Korinther 10,17).

e) Unterschiedliche Formen des Abendmahls

Das Abendmahl kann man sehr unterschiedlich feiern:

- Als Jesus das Abendmahl einsetzte, tat er das im Zusammenhang des Passamahls (Matthäus 26,17-20.26-30). Entsprechend wird das Abendmahl auf kirchlichen Freizeiten oder bei besonderen Anlässen (z.B. beim „Kirchentag") als *„Feierabendmahl"* gefeiert, das mit einem richtigen Essen verbunden ist.
- Im normalen Gottesdienst kommen die Menschen gewöhnlich zum Altar, um das Abendmahl zu empfangen. Brot und Wein werden ihnen mit den Worten ausgeteilt: „Christi Leib, für dich gegeben" - „Christi Blut, für dich vergossen".
- In ganz großen Gottesdiensten können Brot und Wein auch durch die Bankreihen gegeben werden. Man reicht dann das Brot und danach den Wein an seine(n) Nachbar(i)n weiter, indem man dazu die Worte spricht: „Christi Leib, für dich gegeben" - „Christi Blut, für dich vergossen".

● Nicht jeder Christ kann selber zum Gottesdienst kommen, möchte aber dennoch gerne das Abendmahl empfangen. So kann auf Wunsch der Pastor oder die Pfarrerin auch in die Häuser (oder ins Krankenhaus) kommen und alten oder kranken Menschen das Abendmahl reichen.

f) Taufe und Abendmahl: die Sakramente unserer Kirche

Taufe und Abendmahl sind *„Sakramente"*. Das Wort „Sakrament" kommt vom lateinischen „sacer", das auf deutsch „heilig" heißt. „Sakramente" sind also *„heilige Handlungen"*. Sie lassen uns die Gnade und Liebe Gottes *spürbar* erfahren: Bei der Taufe wird Wasser auf den Kopf des Täuflings geträufelt; beim Abendmahl essen wir Brot und trinken Wein. Auf diese Weise nehmen wir *mit unseren Sinnen* wahr, daß wir zu Gott gehören. In der Taufe nimmt Gott uns in die Gemeinschaft der Kirche auf, und im Abendmahl soll uns seine Gemeinschaft immer wieder „mit Herzen, Mund und Händen" erfahrbar werden: „Schmecket und sehet, wie freundlich der Herr ist. Wohl dem, der ihm vertraut!" (Psalm 34,9). Die Taufe kann *nur einmal* vollzogen werden, während wir das Abendmahl *immer wieder* feiern. Jesus selber hat die Sakramente Taufe und Abendmahl eingesetzt.

30. Die Beichte

b e i c h t e n
b e j a h e n

Das Wort *„Beichte"* kommt aus dem Althochdeutschen und bedeutet soviel wie „bejahen", „zu etwas stehen", „bekennen". Beichten heißt also: Ich verleugne meine Sünde und Schuld nicht. Ich stehe dazu. Ich bejahe, daß ich ein Sünder bin. Ich bereue meine Schuld, bekenne sie vor Gott und vertraue darauf, daß Gott mir meine Sünde vergibt.

a) Das Gleichnis vom Pharisäer und Zöllner

Das Schuldbewußtsein ist bei uns Menschen recht unterschiedlich entwickelt. In dem ***Gleichnis vom Pharisäer und Zöllner (Lukas 18,9-14)*** stellt Jesus zwei grundverschiedene Menschen einander gegenüber.

Der *Pharisäer* ist ein Mann, der sich darum bemüht, mit aller Kraft ein Gott wohlgefälliges Leben zu leben. Er ist total von *sich* und *seiner Güte* überzeugt. Er klopft sich auf die eigene Schulter und sagt in seinem Gebet eigentlich nichts anderes, als daß er mit seinen religiösen Leistungen sehr zufrieden ist (Lukas 18,11-12), und daß darum auch Gott mit ihm zufrieden sein kann. Er hat das Gefühl dafür verloren, daß er ein Sünder ist, der Gottes Gnade und Vergebung braucht. Er merkt gar nicht, wie lieblos er sich zum Beispiel gegenüber dem Zöllner verhält, den er mit den Worten seines Gebets seine tiefe Verachtung spüren läßt: „Ich danke dir, Gott, daß ich nicht bin wie ... dieser Zöllner" (Lukas 18,11).

Anders der *Zolleinnehmer*: Er ist vor Gott ehrlich. Er weiß, daß er sich zu wenig um Gott kümmert. Er weiß auch, daß er sich seinen Nächsten gegenüber unmöglich verhalten hat: Er übt mit Hilfe der römischen Besatzungsmacht Druck auf seine Landsleute aus, um an ihr Geld heranzukommen (siehe S.56 Abschnitt a). Der Zöllner weiß: Ich bin ein Sünder. Aber das hindert ihn nicht daran, in den Tempel zu gehen und Gott zu bitten: „Gott, sei mir Sünder gnädig!" (Lukas 18,13). Er vertraut also auf *Gottes Barmherzigkeit*, sonst wäre er gar nicht in den Tempel gekommen.

Jesus sagt nun: Gott hat das Beichtgebet des Zöllners angenommen, weil er ehrlich vor Gott war und sich zu seiner Sünde bekannte. Er vertraute auf Gottes vergebende Barmherzigkeit. Das Gebet des selbstzufriedenen Pharisäers aber hat Gott verworfen, weil er sich etwas vormachte. Er vertraute auf seine, nicht aber auf Gottes Güte (Lukas 18,14).

b) Wir Menschen sind Sünder, die Schuld auf sich laden

❐ *Wir werden schuldig (ein „Beichtspiegel")*

Bei Matthäus lesen wir: Ein Schriftgelehrter (= Bibelausleger) kam zu Jesus und „fragte: ‚Meister, welches ist das wichtigste Gebot des (alttestamentlichen) Gesetzes?' Jesus antwortete: ‚Du sollst den Herrn, deinen Gott, lieben von ganzem Herzen, von ganzer Seele und mit deinem ganzen Verstand. Dies ist das größte und wichtigste Gebot. Das zweite ist gleich wichtig: Liebe deinen Nächsten wie dich selbst. In diesen beiden Geboten ist alles enthalten, was das Gesetz des Mose und die Lehren der Propheten über Gottes Willen aussagen'" (Matthäus 22,35-40 [in Anlehnung an die Übersetzung „Die Gute Nachricht"]).

Gott von ganzem Herzen lieben und den Nächsten wie sich selbst - wer von uns tut das wirklich? Schauen wir in den Spiegel (den *„Beichtspiegel"* [⇦]), um zu sehen, wer wir sind: Ist Gott die „Nr.1" in unserem Leben? Empfinden wir es wenigstens als ein Problem, daß wir für Gott wenig Interesse haben? Lieben wir unseren Nächsten wie uns selbst? Oder verhalten wir uns nicht häufig so, wie wir meinen, daß es unserem Vorteil dient: daß wir z.B. böse über andere reden, insbesondere wenn sie nicht dabei sind, oder daß wir andere ärgern und mit Worten verletzen, wenn wir stärker sind. Wie ehrlich sind wir? Können wir zugeben, daß wir nicht selten gegen das Gebot der Liebe zu Gott und gegen das Gebot der Nächstenliebe verstoßen, so wie es der Zöllner zugab? Oder sind wir blind gegenüber der eigenen Schuld wie der Pharisäer?

❏ *Wir erkennen unsere Schuld - geben wir sie zu oder verdrängen wir sie?*

Katrin hat den Jugendkreis ihrer Gemeinde besucht, wo über das *Gleichnis vom Pharisäer und Zöllner* gesprochen wurde. Zu Hause hat Katrin weiter über dieses Gleichnis nachgedacht und sich gewissermaßen *„einen Spiegel vorgehalten"*. Sie hat sich gefragt, ob denn *ihr* Denken und Verhalten Gottes Willen entspricht. Sie war ehrlich und hat festgestellt:

Gott ist mir eigentlich ziemlich unwichtig. Sie ist traurig darüber, daß sie kürzlich die Beherrschung verloren und ihren kleinen Bruder geschlagen hat. Dann ist ihr eine peinliche Situation der letzten Woche eingefallen: Sie hatte nach der Schule zu Hause beim Mittagessen erzählt, daß sie in der Mathearbeit 9 Punkte bekommen habe. Die Mutter war erleichtert und freute sich, daß Katrins Nachhilfestunden in Mathematik Wirkung zeigten. Als dann am Nachmittag Katrins Freundin zu Besuch kam, um sie wegen der „verhauenen" Mathearbeit zu trösten, kam heraus, daß Katrins Arbeit nicht mit 9, sondern nur mit 3 Punkten benotet worden war. Die Mutter war enttäuscht darüber, daß Katrin sie angelogen hatte.

Katrin erkennt ihr Versagen. Doch viele Menschen haben Schwierigkeiten, ihre Schuld einzusehen und zu ihr zu stehen. Denn unvergebene Schuld *belastet und quält* (Psalm 32, 1-4). Darum versuchen viele, Sünde und Schuld zu *verharmlosen*: ▪ „Was ist so schlimm an meinem Fehlverhalten? Jedermann tut das doch!" ▪ „Gewiß habe ich meine Fehler. Aber verglichen mit dem, was andere so tun, brauche ich mir keine Vorwürfe zu machen." ▪ „Bloß nicht daran denken! Lieber fernsehen, in die Disko gehen, cool bleiben, mit vielen Leuten quatschen, dann vergißt man, was einen belastet!" ▪ „Ein paar besonders gute Taten gleichen die Fehler schon wieder aus." ▪ „Was kann ich dafür, wenn meine Eltern sich nicht genug um mich gekümmert haben?" ▪ „Mein Freund ist schuld. Er hat gesagt, daß ich es machen sollte. Ich kann also nichts dafür."

Von Jesus hören wir immer wieder, daß Gott uns Sünder nicht von sich weist, sondern uns unsere Schuld vergibt (siehe S.53-55 die Abschnitte b und c). Darum dürfen wir ehrlich sein und können zu unserer Schuld stehen. Gott kennt uns ohnehin, und zwar besser als wir selber uns kennen: „Ein Mensch sieht, was vor Augen ist; der Herr aber sieht das Herz an" (1.Samuel 16,7). Wer davon ausgeht, daß Gott auch die dunklen Seiten unseres Lebens sieht, braucht deshalb trotzdem keine Angst zu haben. Denn Gott liebt uns so, wie wir sind. Er vergibt uns unsere Schuld. Er schenkt uns immer wieder einen *neuen Anfang*. So wie Jesus zur Ehebrecherin sagt: „Ich verdamme dich nicht. Geh hin und sündige hinfort nicht mehr!" (Johannes 8,11).

c) Wir bekennen unsere Sünde und Schuld und nehmen Gottes Vergebung an

✤ *Das persönliche Beichtgebet*

Kommen wir auf Katrin zurück. Sie ist darüber betroffen, daß es ihr an Liebe zu Gott und ihren Mitmenschen fehlt. Sie gibt das zu. Wie wird sie mit ihrer Schuld fertig? Katrin kann *sich ganz allein im Gebet an Gott wenden*, vielleicht mit diesen Worten:

„Lieber Gott, ich bin sehr traurig. Ich habe mir vorgenommen, als Christ zu leben, aber ich schaffe das nicht. Ich habe keine Lust, sonntags früh aufzustehen und in den Gottesdienst zu gehen. Ich denke oft überhaupt nicht an dich. Ich denke fast immer nur an mich. Ich habe meinen kleinen Bruder geschlagen. Und meine Mutter habe ich verletzt, als ich sie belogen habe. Bitte, lieber Gott, vergib mir. Hilf mir doch, es besser zu machen. Schenke mir doch Freude an deiner Gemeinschaft und laß mich so leben, daß ich meinen Mitmenschen Freude bereite. Amen."

✣ *Die Einzelbeichte*

Es gibt Situationen, wo mich eine bestimmte Schuld so drückt, daß ich damit allein nicht fertig werde. Ich kann dann einen Menschen meines Vertrauens zu Rate ziehen und mit ihm über mein Schuldproblem sprechen. Dieser Mensch darf natürlich nichts weitererzählen von dem, was ich ihm sage. Denken wir wieder an Katrin. Schon ein solches *persönliches Gespräch* kann ihr helfen, mit ihren Problemen besser zurechtzukommen. Vielleicht gibt das Gespräch ihr Anregungen, wie sie in Zukunft manches besser machen könnte. Vielleicht wird sie nach diesem Gespräch auch so beten wie oben aufgeschrieben.

Wenn Katrin sehr unter ihrem Versagen leidet, kann sie auch eine *„Einzelbeichte"* ablegen. Hierzu bedarf es eines Vertrauensverhältnisses zwischen dem Beichtenden und dem *„Beichtiger"* („Beichtiger" ist das eher selten benutzte Fachwort für Christen, bei denen man beichtet). Katrin kann über ihr Versagen und ihre Schuld mit dem Beichtiger offen sprechen, beten und von ihm oder ihr den Zuspruch der Vergebung empfangen. Das wird sie erleichtern und zugleich ermutigen, einen Neuanfang im Leben mit Gott und ihren Mitmenschen zu wagen.

Grundsätzlich kann jeder Christ eine Beichte abnehmen (Matthäus 18,18; Johannes 20,22-23). Die meisten Mitglieder unserer Kirche wenden sich an eine(n) Pfarrer(in) ihrer Wahl. Pfarrer(innen) haben sich bei der Übernahme ihres Amtes ausdrücklich dazu verpflichtet, über alles, was ihnen in der Seelsorge anvertraut wird, gegen jedermann zu schweigen. Staatliche Gesetze befreien sie von der Verpflichtung, vor Gericht Zeugenaussagen über das in einer Beichte Gehörte zu machen. Diese Verschwiegenheitspflicht nennt man das *„Beichtgeheimnis"*. Auch *kirchliche Beratungsstellen* oder die *Telefonseelsorge* wahren das Beichtgeheimnis.

Eine Einzelbeichte besteht gewöhnlich aus drei Teilen: Das *persönliche Gespräch* über das, was den Beichtenden belastet, führt hin zu einem *Gebet*, in dem der Beichtende in Gegenwart des Beichtigers vor Gott seine Schuld bekennt und bereut. Die Beichte endet damit, daß der Beichtiger dem Beichtenden die Vergebung seiner Schuld im Namen Gottes zuspricht. Zu einem solchen Zuspruch hat der auferstandene Christus seine Jünger bevollmächtigt: „Welchen ihr die Sünden erlaßt, denen sind sie erlassen" (Johannes 20,23a). Alles kommt darauf an, daß der Beichtende fest an Gottes Vergebung glaubt, die der Beichtiger ihm zusagt.

✣ *Die allgemeine Beichte*

Die dritte Form der Beichte ist die *„allgemeine Beichte"*. Am Anfang des Gottesdienstes, in Verbindung mit dem Abendmahl oder in einem besonderen Beichtgottesdienst kann eine allgemeine Beichte gehalten werden. Auch diese Form der Beichte dient dazu, daß wir uns unserer Schuld bewußt werden, Gott um Vergebung bitten und uns durch den Pfarrer oder die Pastorin Gottes Vergebung zusprechen lassen.

Die Formulierungen eines *Beichtgebets* in der *allgemeinen* Beichte sind so *„allgemein"*, daß *alle* Gottesdienstbesucher innerlich mitbeten können. Jede(r) wird bei den einzelnen Aussagen des Gebets an etwas anderes denken, das ihn oder sie *ganz persönlich* betrifft. Wenn Katrin einen Gottesdienst mit einer allgemeinen Beichte besucht, wird sie im *Beichtgebet* Formulierungen finden, die ihre Probleme aussprechen, z.B.: „Ich bekenne vor dir, mein Gott: Ich vergesse dich oft ... Ich bin oft lieblos ... Ich täusche andere ..." So wird sie das Gebet von Herzen mitbeten können und den Zuspruch der Sündenvergebung nach dem Beichtgebet dankbar annehmen.

31. „Auferstehung der Toten und das ewige Leben“

a) Die Auferstehung der Toten

✝ ***Eine harte Tatsache: am Ende jeden Lebens steht der Tod:*** Es gibt ein hartes Sprichwort: „Nichts im Leben ist sicherer als der Tod.“ Die folgende Geschichte will uns die Unentrinnbarkeit vor dem Tod eindrücklich machen:

„Es geschah an einem Tage, als sich der Sultan gerade in seinem Palast aufhielt. Da eilte ein junger Mann - der älteste Sohn des Sultans - zu seinem Vater und rief außer Atem: ‚Bitte, Vater, leihe mir dein schnellstes Pferd! Ich muß so schnell wie möglich nach Bagdad fliehen.‘ Der Sultan fragte besorgt: ‚Was bringt dich denn so aus der Fassung, mein Sohn?‘ Da antwortete der junge Mann ganz aufgeregt: ‚Ich bin eben durch den Palastgarten geschlendert. Da sah ich unter der dicken Palme den Tod stehen. Er erhob seine Hand, als ob er nach mir greifen wollte. Ich muß dringend weg von hier, um ihm zu entfliehen!‘ Der Sultan rief einen seiner Diener herbei und ordnete an, daß sein schnellstes Pferd sofort gesattelt und seinem Sohn zur Verfügung gestellt würde. Dann begab er sich in den Palastgarten. Er fand den Tod noch unter der dicken Palme stehen, wie es der Sohn beschrieben hatte. Der Sultan ergrimmte und fuhr den Tod an: ‚Was fällt dir ein, deine knöchernen Hände nach meinem Sohn auszustrecken und ihm Todesangst einzujagen?‘ ‚Sultan‘, erwiderte der Tod mit ruhiger Stimme, ‚was erregt ihr euch? Ich habe euren Sohn nicht erschrecken wollen. Ich habe nur voller Erstaunen meine Arme hochgehoben, weil ich euren Sohn nicht in diesem Palast vermutete. Bin ich doch heute abend mit ihm in Bagdad verabredet!‘“

✝ ***Menschen verdrängen die Tatsache, daß sie sterben müssen:*** Vielleicht ist uns schon aufgefallen, daß in der Schule, in unseren Familien und auch in unserem Freundeskreis fast nie über die Themen „Tod“ und „Sterben“ gesprochen wird. Nur wenn ein uns nahestehender Angehöriger oder ein Freund stirbt, setzen wir uns mit dem Thema „Tod“ auseinander. Vielleicht auch dann, wenn jemand aus unserem Bekanntenkreis einen schweren Unfall erleidet. Oder der Arzt teilt uns mit, daß wir selber oder ein naher Verwandter todkrank sind. Dann denken wir an den Tod. Sonst selten oder nie. Das „Totschweigen“ des Themas „Tod“ nennt man auch „Verdrängung“. Viele Menschen verdrängen den Gedanken an den Tod, weil er ihnen Angst macht. Niemand stirbt ja gerne. Und was ist nach dem Tode?

✝ ***Christen können dem Gedanken an Sterben und Tod standhalten, weil sie eine lebendige Hoffnung haben:*** Christen haben es nicht nötig, den Gedanken an den Tod - auch den Gedanken an ihr eigenes Sterben - zu verdrängen. Denn Christen glauben an Gott. Sie *erfahren Gottes Gemeinschaft in ihrem Leben.* Sie hören auf Gottes Wort, das ihnen Halt und Kraft für ihr Leben gibt. Und sie erfahren Gottes Nähe im Gebet. So haben wir Christen Kontakt mit dem *lebendigen Gott,* dessen Macht unbegrenzt ist. Wir vertrauen darauf, daß Gottes Macht da nicht aufhört, wo der Tod beginnt. Gott ist mächtiger als der Tod, nicht umgekehrt. Er „macht die Toten lebendig und ruft das, was nicht ist, daß es sei“ (Römer 4,17).

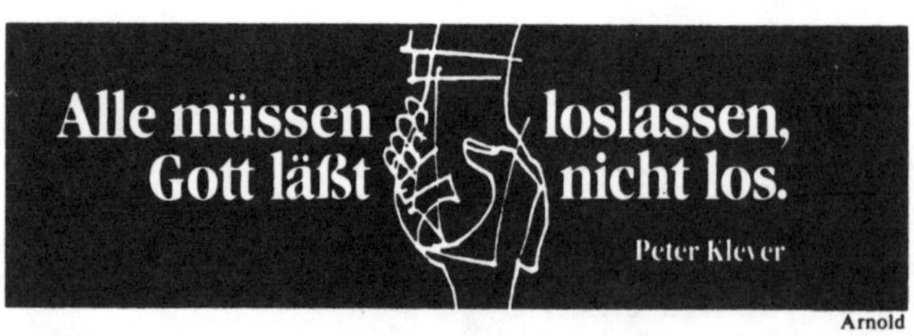

Gott hat seine todesüberwindende Macht dadurch erwiesen, daß er Christus von den Toten auferweckte. Er hat seiner Menschheit und uns Christen damit ein *Zeichen der Hoffnung* geschenkt: So wie Gott Christus von den Toten auferweckt hat, so wird er auch *uns zu neu-*

Der Herr behüte deinen Ausgang und Eingang von nun an bis in Ewigkeit! *Psalm 121,8*

em Leben in seiner ewigen Gemeinschaft auferwecken (1.Petrus 1,3.21). Der Apostel Paulus schreibt im 1.Korintherbrief: Gott hat Christus von den Toten auferweckt als „Ersten der Entschlafenen" (1.Korinther 15, 20). Diesem *„Ersten"* werden nach Jesu Versprechen die Menschen nachfolgen, die Christus in diesem irdischen Leben vertrauten: „Ich bin die Auferstehung und das Leben. Wer an mich glaubt, der wird leben, auch wenn er stirbt" (Johannes 11,25). Wenn wir darauf vertrauen, brauchen wir vor dem Tode und vor dem, was danach kommt, keine Angst zu haben. Der Tod ist die *Tür zur ewigen Gemeinschaft mit Gott und Christus.*

Es kommt darauf an, daß wir alles, was in unseren Kräften steht, dafür tun, den Kontakt zu Gott und Christus aufrecht zu halten (auf Gottes Wort hören / mit Gott sprechen). Dann werden wir unser Leben in Gottes verborgener Nähe führen und *Hoffnung über den Tod hinaus* haben. Wir gewinnen die Zuversicht, daß Gottes Liebe zu uns nicht zu Ende ist, wenn wir sterben. Wir vertrauen darauf, daß Gott seine schöpferische Allmacht dazu einsetzen wird, uns in einer neuen Welt die Gemeinschaft mit ihm neu erleben zu lassen.

b) Das ewige Leben

Unser irdisches Leben ist von Krankheit, Leiden und Tod überschattet. Es ist also der Vergänglichkeit unterworfen (siehe S.41-43). Die Bibel sagt, daß Gott die Vergänglichkeit überwinden und einmal eine *neue Welt* schaffen will. Die „alte Schöpfung" wird dann einer „neuen Schöpfung" weichen. Gott verspricht: „Siehe, ich mache alles neu!" (Offenbarung 21,5).

Die „neue Schöpfung" - wir können dafür auch „Reich Gottes" oder „ewiges Leben" sagen - diese „neue Schöpfung" ist das heilvolle Ziel der Geschichte Gottes mit uns Menschen (siehe S.18 letzter Absatz). Wir werden dann nicht mehr *„glauben"*, sondern wir dürfen *Gott „schauen"* (2.Korinther 5,7), „von Angesicht zu Angesicht" (1.Korinther 13,12). Wir werden Gottes Gemeinschaft dann *direkt* erfahren. Keine Zweifel werden uns mehr bedrängen. Tod, Leid und Krankheit, Bedrohung des Lebens durch Waffenarsenale oder Gifte aller Art, Vergänglichkeit und Ungerechtigkeit wird es dann nicht mehr geben.

Die *Herrlichkeit* dieses ewigen Lebens bei Gott wird in der Offenbarung des Johannes so *angedeutet*: „‚Jetzt wohnt Gott bei den Menschen! Er wird bei ihnen bleiben, und sie werden sein Volk sein ... Er wird alle ihre Tränen abwischen. Es wird keinen Tod mehr geben und keine Traurigkeit, keine Klage und keine Quälerei mehr. Was einmal war, ist für immer vorbei.‘ Dann sagte der, der auf dem Thron saß: ‚Jetzt mache ich alles neu.‘“ (Offenbarung 21,3-5 [Übersetzung „Die Gute Nachricht“]).

Wenn wir im *Vaterunser* „Dein Reich komme“ beten, dann bitten wir Gott darum, daß er die „alte Schöpfung“, in der wir jetzt leben, mit ihrer Vergänglichkeit und ihrem Leid überwindet. Daß er sich allen Menschen offenbart als der *Herr dieser Welt*, so daß wir ihn schauen können (1.Johannes 3,2; Offenbarung 22,3-4). Und daß er uns dann hineinnimmt in das ewige Leben in seiner direkten Gemeinschaft in seinem dann vollendeten Reich.

„Meine Zeit steht in deinen Händen“ (Psalm 31,16)

Pfarrer Hastig hat Zeitprobleme. Er ist froh, daß die Sommerzeit heute zu Ende geht und die Uhr um eine Stunde zurückgestellt werden kann. So gewinnt er eine Stunde Zeit. Das Problem ist nur: In welche Richtung muß Pfarrer Hastig den Hebel bewegen, damit die Uhr um eine Stunde zurückgeht?

32. Die Gebote der Gottes- und Nächstenliebe sind untrennbar

a) Die 10 Gebote und das „Doppelgebot der Liebe“

Der auferstandene Christus beauftragt seine Kirche: „Gehet hin und macht zu Jüngern alle Völker: Tauft sie ... und lehrt sie halten alles, was ich euch befohlen habe“ (Matthäus 28,19-20). Wir Christen müssen es *lernen*, als Christen zu leben.

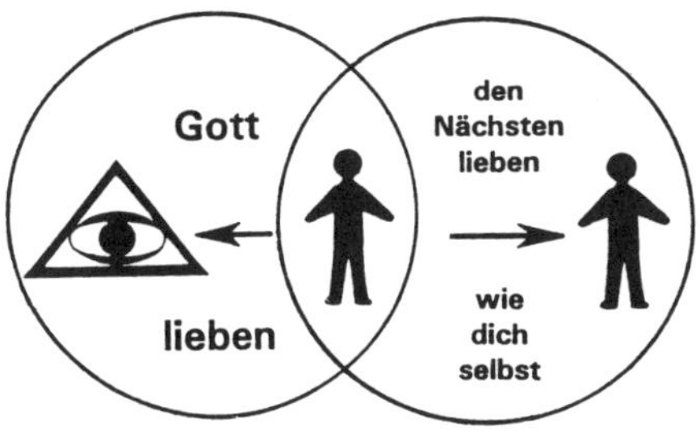

Jesus faßt seine Lehre mit dem *„Doppelgebot der Liebe“* zusammen: „Du sollst den Herrn, deinen Gott, lieben von ganzem Herzen, von ganzer Seele und mit deinem ganzen Verstand. Dies ist das größte und wichtigste Gebot. Das zweite ist gleich wichtig: Liebe deinen Nächsten wie dich selbst“ (Matthäus 22,37-39). Jesus nennt zwar das Gebot der *Gottesliebe* zuerst, aber er stellt ihm das Gebot der *Nächstenliebe* als *gleich wichtig* an die Seite.

Mit dem ***Gleichnis vom barmherzigen Samariter (Lukas 10,25-27)*** macht Jesus in besonderer Weise deutlich, daß Gottes- und Nächstenliebe zusammengehören. Nicht die „Gottesdiener“ Priester und Levit (ein Tempeldiener oder Sänger im Tempelgottesdienst) verhalten sich so, wie Gott es will, sondern der nach damaliger jüdischer Überzeugung „ungläubige“ Samaritaner erweist sich als der *wahre Diener Gottes*, weil er an der *Not seines Nächsten nicht vorübergeht.* Er tut alles, was in seinen Kräften steht, um dem ausgeraubten und übel zugerichteten Juden zu helfen.

„Wenn jemand spricht: Ich liebe Gott, und haßt seinen Bruder, der ist ein Lügner. Denn wer seinen Bruder nicht liebt, den er sieht, wie kann er Gott lieben, den er nicht sieht?“ (1.Johannes 4,20). Die 10 Gebote geben uns konkrete Hinweise, wie wir die *Gottesliebe* und die *Nächstenliebe* in unserem Leben verwirklichen können.

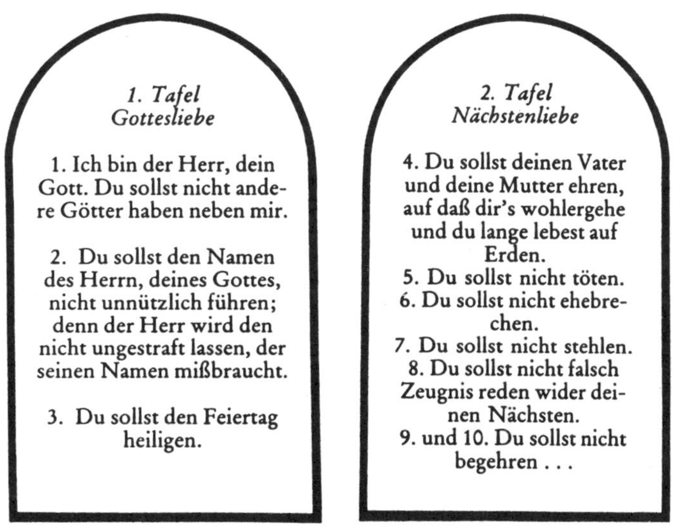

b) Der gemeinsame Sinn der Gebote 1-3 (1. Tafel)

Die drei Gebote der 1. Tafel haben zum Ziel, uns vor Verhaltensweisen zu bewahren, die unser Verhältnis zu Gott gefährden oder kaputtmachen können. „Laßt uns lieben, denn *er* hat uns zuerst geliebt“ (1.Johannes 4,19): Unser Gottvertrauen und unsere Liebe zu Gott werden uns helfen, den Geboten der 1. Tafel entsprechend zu leben:

① Wenn wir Gott lieben, dann werden wir keine anderen Götter neben ihm haben.

② Wenn wir Gott lieben, dann werden wir seinen Namen mit Respekt gebrauchen.

③ Wenn wir Gott lieben, dann werden wir auf sein Wort am Feiertag gerne hören.

c) Der gemeinsame Sinn der Gebote 4–10 (2. Tafel)

Die Gebote 4–10 lassen sich zusammenfassen in dem Satz: „Liebe deinen Nächsten wie dich selbst“:

④ Wer seinen Nächsten liebt, der wird Vater und Mutter (seine „nächsten“ Nächsten) lieben und ehren.

⑤ Wer seinen Nächsten liebt, der wird ihn nicht töten.

⑥ Wer seinen Nächsten liebt, der wird seinem Ehepartner treu sein und die Ehe nicht brechen.

⑦ Wer seinen Nächsten liebt, der wird ihm nichts stehlen.

⑧ Wer seinen Nächsten liebt, der wird nichts Unwahres über ihn verbreiten.

⑨ und ⑩ Wer seinen Nächsten liebt, der wird nicht begierig an sich bringen, was seinem Nächsten gehört.

Die Gebote 1–3 (Liebe zu Gott) und 4–10 (Liebe zum Nächsten) sind für uns Christen kein Zwang, sondern wir sollen in ihnen *eine Hilfe Gottes für unser Leben* erkennen. Als Christen werden wir uns bemühen, die Gebote *aus Liebe zu Gott und zum Nächsten* zu halten, wenn wir Gott nicht aus den Augen verlieren wollen (Gebote 1–3) und ein gutes Verhältnis zu unserem Nächsten anstreben (Gebote 4–10). So wie wir selber auch erwarten, daß Gott uns nicht aus den Augen verliert, und daß unsere Mitmenschen gut zu uns sind und uns respektieren.

Raubüberfall im Tal von Jericho

Im Lukasevangelium Kapitel 10 erzählt Jesus das Gleichnis von einem, der auf dem Weg nach Jericho unter die Räuber fiel. Zwei Passanten machen sich der unterlassenen Hilfeleistung schuldig; ein Samariter aber hilft. Welche der abgebildeten Hilfen läßt er dem Opfer angedeihen, welche nicht?

33. Freiheit in Grenzen: die 10 Gebote

a) Die Verkehrsregeln

Bei uns in der Bundesrepublik gibt es über 20 Millionen Autos. Wenn jeder so fahren würde, wie es ihm gefällt, hätten wir sofort ein totales Verkehrschaos. Damit dieses vermieden wird, gibt es *Verkehrsregeln*, an die sich jeder halten muß. Die Verkehrsregeln sind dazu da, einen reibungslosen Ablauf des Verkehrs zu gewährleisten und das Leben der Verkehrsteilnehmer zu schützen. Ein Stoppschild sagt mir: Anhalten! Die Autos auf der anderen Straße haben Vorfahrt. Es wäre verantwortungslos, ohne anzuhalten in die Vorfahrtsstraße einzubiegen. Ich würde sonst das Leben anderer und auch mein eigenes Leben gefährden. Die Gebote und Verbote im Straßenverkehr wollen also den Straßenverkehr möglich machen und zugleich das Leben der Verkehrsteilnehmer vor Schaden bewahren.

b) Regeln für das Leben: die 10 Gebote

Wie die Beachtung der Verkehrsregeln einen reibungslosen Straßenverkehr gewährleistet, so haben auch die 10 Gebote zum Ziel, das gute Zusammenleben der Menschen mit Gott und auch ein gutes Miteinander der Menschen zu ermöglichen. Wenn *unser Verhältnis zu Gott* keinen Schaden leiden soll, dann tun wir gut daran, bestimmte Regeln zu beachten *(Gebote 1-3)*. Wenn *unsere menschliche Gemeinschaft untereinander* keinen Schaden leiden soll, dann tun wir gut daran, bestimmte Regeln für das menschliche Zusammenleben zu beachten *(Gebote 4-10)*.

Die Gebote der Gottesliebe:

Wir sollen Gott nicht dadurch aus den Augen verlieren, daß wir unser Herz an Götzen oder vergängliche Güter hängen (1. Gebot).

Wir sollen Gott nicht dadurch aus den Augen verlieren, daß wir durch einen respektlosen Umgang mit seinem Namen die Achtung vor Gott selbst verlieren (2. Gebot).

Wir sollen Gott nicht dadurch aus den Augen verlieren, daß wir keine Zeit für ihn aufbringen und sein Wort verachten (3. Gebot).

Die Gebote der Nächstenliebe:

Gott gab uns die Gebote nicht, um uns Menschen zu ärgern. Er gab sie nicht gegen, sondern *für uns*. Die Gebote wollen den Schwachen vor der Willkür des Stärkeren schützen. Sie wollen einem Zusammenleben vieler Menschen in Frieden dienen. Sie stecken einen *Rahmen* ab, innerhalb dessen wir *unsere Freiheit verantwortlich gebrauchen* können. Wie die Verkehrsregeln den Straßenverkehr ermöglichen und Böses verhindern, so fördern die Gebote 4-10 das menschliche Zusammenleben, wenn sich die Menschen danach richten. Dem Bösen sind dann Grenzen gesetzt. Ein gutes Zusammenleben der Menschen miteinander kann sich entfalten:

Wir sollen ein gutes Verhältnis zu Vater und Mutter pflegen, indem wir sie „ehren“, also lieben und respektieren (4. Gebot).

Wir sollen unserem Nächsten nicht nach dem Leben trachten, sondern ihm zum Gelingen seinen Lebens helfen (5. Gebot).

Wir sollen andere Ehen unangetastet lassen und uns um eine gute eigene Eheführung bemühen (6. Gebot).

Wir sollen mit dem zufrieden sein, was Gott uns schenkt, und anderen nichts wegnehmen (7. Gebot).

Wir sollen die Gemeinschaft von Menschen weder durch üble Gerüchte belasten noch das Vertrauensverhältnis zu unserem Nächsten durch Lügen aufs Spiel setzen (8. Gebot).

Wir sollen unser Denken und Fühlen unserem Nächsten gegenüber von Liebe und nicht von Habgier, Neid oder Haß bestimmt sein lassen (9. und 10. Gebot).

c) Gott liebt uns Sünder

Auch wenn wir uns bemühen, nach den 10 Geboten zu leben, werden wir die Gebote doch immer wieder übertreten. Wir nehmen Gott oftmals nicht genügend ernst. Wir belügen oder betrügen unsern Nächsten. Wir „tratschen“ oder stehlen. Wir denken oft nur an uns selbst. Wir sündigen also. Das können wir ehrlich zugeben.

Zugleich wollen wir uns erinnern: *Das Wichtigste am christlichen Glauben sind nicht die 10 Gebote und deren Befolgung. Das Wichtigste am christlichen Glauben ist eine Person:* ***Jesus Christus.*** Stellvertretend für uns war er Gott gehorsam und hat alle Gebote vollkommen gehalten. Er hat Gott, seinen Nächsten, ja sogar seine Feinde ungeteilt geliebt. Um Christi willen vergibt Gott uns, wenn wir seine Gebote übertreten.

Der Geist Gottes hat mich gesandt, den Elenden gute Botschaft zu bringen, die zerbrochenen Herzen zu verbinden, zu verkündigen den Gefangenen die Freiheit, den Gebundenen, daß sie frei und ledig sein sollen. *Jesaja 61,2*

In der *Beichte* (siehe S.87-88 Abschnitt b) halten wir uns die 10 Gebote wie einen Spiegel vor. Wenn wir ehrlich sind, erkennen wir unser Versagen, unsere Sünde. Wir haben dann die Möglichkeit, unsere Sünde zu bereuen und Gott zu bekennen. Wenn uns dann mit den Worten „Dir sind deine Sünden vergeben“ Gottes Vergebung zugesprochen wird, dürfen wir fest daran glauben, daß Gott uns Sünder liebt. Erneut können wir uns dann vornehmen, unser Leben nach Jesu Lehre zu leben: in Liebe zu Gott und zu unserem Nächsten (siehe S.93 Abschnitt a). Immer wieder werden wir dabei Fehler machen. Doch Gott hat uns durch Christus verkündigen lassen, daß er uns liebt, daß er uns annimmt und daß er uns immer wieder vergibt. *Seine Liebe und Vergebung sind größer als unsere Sünde. Darüber können wir uns freuen.*

Zehn Gebote, gut gemischt

Auf jedem Bild übertritt jemand eines der zehn Gebote. Aber, und das ist gar nicht so einfach: In welcher Reihenfolge stehen diese Gesetze für das Zusammenleben der Menschen in der Bibel? (Spicken in 2. Mose 20 oder 5. Mose 5; die Zählung der Gebote ist die von Martin Luther.)

34. Die Gebote der Gottesliebe (Gebote 1–3)

1. Das erste Gebot

„Ich bin der Herr, dein Gott, du sollst nicht andere Götter haben neben mir."

Als Israel die Gebote empfing, da lebte es in einer Umwelt, in der überall andere Götter angebetet wurden: Die Ägypter z.B. beteten den Sonnengott „Re" an, die Babylonier den Gott „Marduk" und die Moabiter den Gott „Kemosch". Im Lande Kanaan lebten die Israeliten in enger Nachbarschaft mit den Kanaanäern, die den Gott „Ba-al" als „Herrn" ihres Landes verehrten. Viele Israeliten waren im Lande Kanaan der Überzeugung, neben *ihrem Gott*, der sie aus der Sklaverei in Ägypten befreit hatte, auch „Baal" dienen zu müssen (siehe S.16 erster Absatz). *Gott oder Götzen* - vor diese Entscheidung stellte das 1. Gebot die Israeliten immer wieder: „Da trat (der Prophet) Elia zu allem Volk und sprach: ‚Wie lange hinkt ihr auf beiden Seiten? Ist der Herr Gott, so wandelt ihm nach, ist's aber Baal, so wandelt ihm nach'" (1.Könige 18,21). Gott will keine halbherzigen Menschen in seiner Gemeinschaft, sondern solche, die ihn *ungeteilt lieben*, die ihm *ganz vertrauen*.

Viele Menschen von heute meinen: Es ist leicht, das erste Gebot zu halten. Ich bete ja keine anderen Götter an. Wenn ich bete, dann bete ich zu Gott. - Wer so denkt, der sollte sich fragen, welche Rolle Gott wirklich in seinem Leben spielt. Ein Wort *Martin Luthers* kann uns dabei helfen, diese Frage zu beantworten: *„Woran dein Herz hängt, das ist eigentlich dein Gott."* Woran hängt unser Herz?

Wo Gott nicht der Herr im Leben eines Menschen ist, da nehmen Götzen die Stelle Gottes ein und beherrschen den Menschen. Wer sein Vertrauen nicht auf Gott setzt, der setzt es auf etwas anderes: Dessen Herz hängt vielleicht an Wohlstand und Geld, am Eigenheim oder am Auto. Er glaubt vielleicht an die Sterne und liest regelmäßig Horoskope. Er ist vielleicht von einem Sektenführer abhängig. Oder er glaubt an den „Fortschritt", daß die Menschen im Laufe der Zeit aus eigener Kraft paradiesische Verhältnisse auf Erden schaffen können, wenn sie es nur richtig anstellen. Vielleicht „vergöttert" er auch Sportidole oder Schlagerstars. Vielleicht betet ein Mensch, dessen Herr nicht der lebendige Gott ist, auch sich selber an: seine Körperkraft - seine Intelligenz - seinen Vorteil - sein Vorankommen - sein Wohlergehen.

Das erste Gebot will uns davor bewahren, den wahren Gott gegen vergängliche Götzen auszutauschen. Es gibt viele Güter in unserem Leben, die uns Freude machen und unser Leben bereichern. Das erste Gebot will uns diese Güter nicht „vermiesen". Es will uns nur davor bewahren, unser Herz so sehr daran zu hängen, daß Gott uns dabei unwichtig wird. Der christliche Weg ist dieser: Ich kann *Gott für alles danken, womit er mein Leben schön macht.* Dann nehme ich die *Güter aus Gottes Hand.* Dann treten die Güter nicht an Gottes Stelle, sondern ich erkenne in ihnen *Zeichen der Güte Gottes*, wodurch er mein Leben bereichert. Wenn ich Gott, dem Schöpfer, für alles danke, dann bleibt er mein Herr und mein Gott. Dann verliere ich Gott über den Gütern nicht aus den Augen.

Wer Gott aufgibt, der löscht die Sonne aus, um mit einer Laterne weiterzuwandeln.

Christian Morgenstern

2. Das zweite Gebot

„Du sollst den Namen des Herrn, deines Gottes, nicht unnütz gebrauchen, denn der Herr wird den nicht ungestraft lassen, der seinen Namen mißbraucht."

Wir benutzen den Namen Gottes sachgemäß, wenn wir Gott im Gebet anrufen. Oder wenn wir in eine Situation geraten, wo wir uns zu unserem Glauben bekennen müssen: Eine Konfirmandin besucht zusammen mit ihren Eltern den Gottesdienst. Auf dem Nachhauseweg entwickelt sich ein intensives Gespräch zwischen Mutter und Tochter über die Predigt. Nach einiger Zeit fragt die Konfirmandin ihre Mutter ganz direkt: „Glaubst du denn an Gott?" Die Mutter antwortet: „Ja, ich glaube an Gott."

Im Gottesdienst gebrauchen wir den Namen Gottes verantwortungsvoll beim Singen von Liedern, bei den Schriftlesungen, Gebeten und während der Predigt. Nötig ist die Benutzung des Gottesnamens ferner bei Glaubensgesprächen im Konfirmandenunterricht, im Religionsunterricht oder bei der Behandlung von Glaubensthemen in einem Jugendkreis. Es gibt also viele Gelegenheiten, wo wir den Namen Gottes „nützlich", das heißt sachgemäß gebrauchen können.

In unserem Sprachgebrauch haben sich aber eine Menge Redensarten eingeschlichen, in denen der Name Gottes „unnütz" verwendet, also mißbraucht wird. Das ist besonders bei Flüchen der Fall (z.B. „Ach Herrje!" [= Ach, Herr Jesus!]). In bedrängenden oder überraschenden Situationen rutschen uns häufig Redensarten heraus wie „Ach Gott, ach Gott!" oder „Gott sei Dank!"

Ob Fluch oder Redensart: bei keiner der genannten Situationen rufen wir Gott wirklich an! Wir nehmen also eigentlich nicht ernst, was wir da sagen. Wir nehmen entsprechend Gott nicht ernst, wenn wir seinen Namen „unnütz gebrauchen". Wenn wir das ohne Bedenken immer wieder tun, dann verlieren wir die Ehrfurcht vor Gott. Die Konsequenz („Strafe") ist, daß Gott uns unwichtig wird. Wir können ihn nicht mehr ernst nehmen. Auf diese Weise verlieren wir Gott selber aus den Augen. Es ist eine hilfreiche Übung, wenn wir einmal einen ganzen Tag - oder noch besser eine ganze Woche lang - bewußt darauf achten, *wie* wir den Namen Gottes in unserem alltäglichen persönlichen Sprachgebrauch verwenden. Gebrauchen wir das Wort „Gott" sachgemäß oder häufiger „unnütz"?

3. Das dritte Gebot

„Du sollst den Feiertag heiligen."

Nach Gottes Willen gehören Zeiten der Besinnung und Ruhe ebenso wesentlich zum Leben dazu wie die Arbeitszeit. „Arbeiten wir für das Leben, oder leben wir, um zu arbeiten?" Das dritte Gebot mahnt uns, die Arbeit nicht überzubewerten und darüber Gott, Ruhe und Feiern zu vergessen.

a) Du sollst den Feiertag heiligen: genieße den Sonntag als Ruhetag!

Wer einatmet, der muß auch ausatmen. Wer arbeitet, der braucht auch Zeiten der Entspannung und der Ruhe. Wer Streß und Hektik ausgesetzt ist, der benötigt unbedingt Pausen zur Erholung. Wer pausenlos arbeitet und meint, sich keine Ruhe gönnen zu können oder zu müssen, der setzt seine Gesundheit aufs Spiel.

Die „Heiligung des Feiertags" besteht also zum einen darin, am Sonntag alle Arbeiten des Alltags (Beruf) soweit wie möglich ruhen zu lassen und z.B. auch die Haushaltsarbeiten auf das Notwendige zu beschränken.

b) Du sollst den Feiertag heiligen: nimm dir Zeit für Gott!

„Heilig" heißt ja: „zu Gott gehörig". „Den Feiertag heiligen" bedeutet also soviel wie: Dieser Tag in der Woche *gehört Gott.* Wenn man es genau nimmt: Eine Stunde an diesem Tag nehme ich mir besonders Zeit für Gott.

168 Stunden hat die Woche. Davon verbringe ich einen großen Teil im Bett. Sehr viel Zeit verbringe ich am Arbeitsplatz, in der Schule oder bei Hausarbeiten. Ich brauche Zeit zum Essen, zum Fernsehen, Zeit für meine Hobbys. Ich benötige Zeit zum Reden oder Spielen mit meinen Familienangehörigen, Freunden, Bekannten oder Vereinskameraden.

168 Stunden hat die Woche. Eine Stunde davon verbringe ich im Gottesdienst. Denn der Gottesdienst ist ein Ort, wo sich Menschen versammeln, um gemeinsam Gottes Wort zu hören, ihren Glauben zu bekennen, zu singen und zu beten. Auch der Gottesdienst läßt uns zur Ruhe kommen. Hier tanke ich auf, hier erhalte ich Kraft und Anregungen für mein alltägliches Leben. Gott will mit mir reden. Was will er mir heute durch diese Predigt sagen? Welche Hilfe will er mir dadurch für mein persönliches Leben, für die neue Woche geben? *Martin Luther* hat das dritte Gebot so ausgelegt: „Du sollst den Feiertag heiligen. - Was ist das? Wir sollen Gott fürchten (= respektieren) und lieben, daß wir die Predigt und sein Wort nicht verachten, sondern es heilig halten, gern hören und lernen."

Wenn Menschen kein Interesse füreinander haben, gehen sie achtlos aneinander vorbei. Wenn zwei Menschen miteinander im Streit liegen, gehen sie einander aus dem Weg. Wenn zwei Menschen einander schätzen oder lieben, werden sie viel miteinander reden. Wenn wir Gott vertrauen und ihn lieben, dann werden wir das Gespräch mit Gott suchen. Im Gebet sprechen *wir* mit Gott, und im Gottesdienst hören wir auf das, was *er* uns zu sagen hat. Auf diese Weise behalten wir Kontakt mit Gott, bleiben wir in seiner Gemeinschaft (siehe S.5-6 Abschnitt b).

Unser Glaube lebt vom *gegenseitigen Gespräch*, von Gott mit uns und von uns mit Gott. Der Gottesdienst ist also die *notwendige Voraussetzung eines lebendigen Glaubens*. Wer keine Zeit für Gottes Wort aufbringt, der verliert Gott aus den Augen (siehe S.6–7 Abschnitt c).

Zusammenfassung: „Du sollst den Feiertag heiligen“ bedeutet: Ruhe und Entspannung suchen, im Gottesdienst auftanken und Kraft für den Alltag bekommen.

Achtung!
Hier wird's ganz besonders knifflig!

Da kommt sogar Professor Schlau von Rategern in Verlegenheit. 16(!) Fehler haben sich auf diesem Bild eingeschlichen – und diesmal hilft auch die Bibel kaum weiter. Bevorzugt sind dafür alle, die regelmäßig zum Gottesdienst gehen.

Der Professor tröstet alle, die nicht alle Fehler finden oder richtige Dinge für falsch halten: 13 Treffer sind schon gut, 14 sehr gut, 15 ausgezeichnet, und wer alle 16 findet, der kann fast schon Pfarrer werden (wenn er es nicht schon ist).

35. Die Gebote der Nächstenliebe (Gebote 4–10)

1. Das vierte Gebot

„Du sollst deinen Vater und deine Mutter ehren, auf daß dir's wohlgehe und du lange lebest auf Erden."

Zwischen Steffen und seinem Vater gibt es Ärger. Der Vater findet, daß Steffens Haare unbedingt geschnitten werden müßten. Steffen hält den Gang zum Frisör für ausgesprochen verfrüht. „Noch heute nachmittag gehst du zum Frisör!" erklärt der Vater. Steffen gibt Kontra: „Ich bin doch nicht bescheuert. Kann ich mir ja gleich 'ne Glatze schneiden lassen!" So geht es eine ganze Weile zwischen Steffen und seinem Vater hin und her. Schließlich sagt der Vater: „Hast du nicht im Konfirmandenunterricht das 4. Gebot gelernt: Du sollst deinen Vater und deine Mutter ehren? Also bitte: Du hast zu gehorchen! Du gehst noch heute zum Frisör!" Für den Vater ist die Sache damit erledigt. Für Steffen nicht. Er hat im Konfirmandenunterricht nämlich nicht gelernt, daß „Vater und Mutter ehren" nur „gehorchen" bedeutet. Das 4. Gebot lautet eben nicht: „Du sollst Vater und Mutter gehorchen", sondern: du sollst sie *„ehren"*.

Martin Luther legt das 4. Gebot so aus: „Was ist das? Wir sollen Gott fürchten (= respektieren) und lieben, daß wir unsere Eltern... nicht verachten noch erzürnen, sondern sie in Ehren halten, ihnen dienen, gehorchen, sie lieb und wert haben." „Ehren" bedeutet nach Luther also keineswegs nur „gehorchen". Denn *was „Vater und Mutter ehren" jeweils bedeutet, hängt ganz vom Lebensalter der Kinder und auch der Eltern ab.* Die folgenden Ausführungen sind unter der Voraussetzung geschrieben, daß Eltern ihre Kinder lieben und gern haben, so daß sich ihre Kinder bei ihnen wohl fühlen und entsprechend auch ihre Eltern lieben.

♥ ***Baby- und Kindesalter***

Kleine Kinder haben noch keinen Überblick und oft keinen Sinn für Gefahren. Nicht alles, was Kinder wollen, ist auch gut für sie. Die Kinder werden in diesem Alter also *gehorchen* müssen, wenn sie ohne Schaden groß werden wollen.

♥ ***Jugendzeit***

Jugendliche sind vernünftiger als kleine Kinder. Die Eltern können also ihre Einsicht ansprechen. Besteht ein Vertrauensverhältnis zwischen Eltern und Kindern, dann werden die Jugendlichen *ernst nehmen*, was die Eltern ihnen sagen. „Eltern ehren" heißt in dieser Zeit auch: Viel mit den Eltern reden über das, was einen beschäftigt, im Haushalt mithelfen, kleine Pflichten zur Entlastung der Eltern übernehmen, dankbar wahrnehmen, was sie alles für einen tun. – Wer nur bei der Mutter oder beim Vater lebt, für den kann das 4. Gebot auch bedeuten: Ich verachte den Elternteil nicht, von dem sich Vater oder Mutter getrennt hat. Ich pflege den Kontakt mit ihr oder ihm, so gut das möglich ist.

♥ ***Junge Erwachsene***

Sie gehen inzwischen ihren eigenen Weg. „Eltern ehren" bedeutet für sie: Die Eltern akzeptieren. Sie leben ihr Leben, ich lebe mein Leben. Mit den Eltern im Gespräch bleiben, damit man sich nicht auseinanderlebt. Ihnen nötigenfalls zur Hand gehen usw.

♥ ***Verheiratete Kinder***

Viele von ihnen sind aus dem Elternhaus gegangen. „Eltern ehren" heißt für sie jetzt vor allem: Die Eltern am eigenen Leben teilnehmen lassen, sie besuchen, sie einladen, ihnen großelterliche Aufgaben geben. Ihnen helfen, wenn sie es wünschen usw.

♥ ***Wenn man selber älter wird und die eigenen Eltern alt geworden sind***

In diesem Alter bedeutet „Eltern ehren": Sich um die Eltern kümmern, ihnen helfen zurechtzukommen. Stirbt ein Elternteil, den Vater oder die Mutter zu sich nehmen, wenn die eigene Wohnung es zuläßt *und* wenn Vater oder Mutter es wünschen. „Eltern ehren" heißt jetzt: Eltern pflegen - Eltern begleiten - ihnen gerade auch im Sterben zur Seite stehen.

Zusammenfassung

Das 4. Gebot ist eine Art *„Generationenvertrag"*: Meine Eltern lieben mich. Sie erziehen mich zur Selbständigkeit. Zunächst bin ich ganz auf sie angewiesen. Wenn sie älter oder alt geworden sind, werde ich die Liebe, die sie mir zukommen ließen, erwidern. Dann ist es meine Sache, ihnen bis zum Ende ihres Lebens zur Seite zu stehen. Wenn unsere Eltern uns lieben, geht es uns in unserem Leben wohl. Wenn wir unsere Eltern lieben, geht es ihnen in ihrem Leben wohl.

2. Das fünfte Gebot

„Du sollst nicht töten."

Das 5. Gebot soll das Leben schützen und bewahren helfen. Das heißt in einem sehr direkten Sinn nach *Martin Luther*: „Was ist das? Wir sollen Gott fürchten (= respektieren) und lieben, daß wir unserm Nächsten an seinem Leibe keinen Schaden noch Leid tun." - „Nicht töten" bedeutet also zunächst einmal: Das Leben (des Nächsten) achten und nicht zerstören. Was ist damit alles gemeint?

a) Verschiedene Formen des Tötens

■ ***Mord und Totschlag:*** Bereits auf den ersten Seiten der Bibel ist von einem Mord die Rede: Kain erschlägt seinen Bruder Abel (Brudermord: 1. Mose 4,1-6; siehe S.41 Abschnitt b). *Mord* ist das vorsätzliche, überlegte und geplante Töten, etwa um jemanden zu berauben oder um ihn aus anderen Gründen aus dem Weg zu räumen (z.B. Geiselnahme, Terroranschläge). - *Totschlag* ist das Töten im Affekt (= ohne Kontrolle der Gefühle), etwa unter Alkoholeinfluß. Oder wenn ein Ehemann seine Frau mit einem anderen Mann im Bett entdeckt, „durchdreht" und einen von beiden (oder beide) aus Eifersucht umbringt.

Ein Totschlag mit verständlichem Motiv

Der junge Mose begeht eine schlimme Straftat – allerdings im Affekt. Das ägyptische Bildprotokoll des Tathergangs muß nun in die richtige Reihenfolge gebracht werden. Ein schriftliches Protokoll gibt es im 2. Buch Mose, Kapitel 2.

■ ***Tod durch Autounfall:*** Ein Autofahrer besteigt unter Alkoholeinfluß sein Fahrzeug. Ein Kind läuft über die Straße. Der angetrunkene Fahrer reagiert zu langsam und überfährt das Kind. Es stirbt am Unfallort. - Ein verantwortungsloser Motorradfahrer fährt durch eine geschlossene Ortschaft mit überhöhter Geschwindigkeit. Eine alte Frau schätzt seine tatsächliche Geschwindigkeit falsch ein, überquert die Straße und wird von dem Motorrad erfaßt. Sie stirbt 14 Tage später im Krankenhaus.

■ ***Abtreibung:*** Abtreibung wird mitunter verharmlosend „Schwangerschaftsabbruch" genannt. In der Bundesrepublik werden jährlich schätzungsweise 300.000 Kinder abgetrieben. Ist es richtig, ein Menschenleben, das sich nicht selbst verteidigen kann, auszulöschen? Es gibt Fälle, wo man um eine Abtreibung nicht herumkommt, etwa wenn das Leben der Mutter durch die Schwangerschaft ernsthaft gefährdet ist. Vom 5. Gebot her kann eine Abtreibung aber nur *im verantworteten Notfall* befürwortet werden. - „Denn du, Gott, hast meine Nieren bereitet und hast mich gebildet im Mutterleibe. Ich danke dir dafür, daß ich wunderbar gemacht bin; wunderbar sind deine Werke; das erkennt meine Seele. Deine Augen sahen mich, als ich noch nicht bereitet war, und alle Tage waren in dein Buch geschrieben, die noch werden sollten und von denen keiner da war" (Psalm 139,13-14.16).

■ ***Selbstmord:*** Gott ist der Herr über Leben und Tod. Er ist der Herr auch über mein Leben. Er schenkt es mir durch meine Eltern, und er wird mein Leben an sich nehmen zu seiner Zeit: „Meine Zeit steht in deinen Händen" (Psalm 31,16). Der Lebenswille eines Menschen, der sich mit Selbstmordgedanken herumschlägt, ist geschwächt. Er kommt mit bestimmten Problemen nicht zurecht. Der Selbstmörder muß wieder Lebensmut entwickeln: „Gott will, daß ich lebe. Meine Angehörigen wollen es auch." Er braucht vor allem seelische Hilfe, Zeit der anderen, Verständnis, offene Ohren und tätige Mithilfe anderer, um seine Probleme zu bewältigen. Vielleicht kommen wir selber einmal in die Lage, einem Selbstmörder zu helfen.

■ ***Selbstmord auf Raten: Mißbrauch von Alkohol und Drogen:*** *Alkohol* - in Maßen genossen - kann das Leben bereichern, wie es in Psalm 104, 15 heißt: „Der Wein erfreue des Menschen Herz". Gefährlich ist übermäßiger Alkoholgenuß. Er kann zu schweren Körperschäden oder sogar zum Tod führen. Deshalb ist es sehr wichtig, *verantwortlich* mit Alkohol umzugehen. - *Drogen* wie Haschisch und Marihuana haben eine ähnliche Wirkung wie der Alkohol. Sie betäuben Probleme, lösen sie aber nicht. Sie sind gefährlich, weil sie oftmals den Einstieg in sogenannte „harte Drogen" (Heroin; Opium; Kokain) vorbereiten helfen. Harte Drogen machen sofort körperlich abhängig und führen schon nach kurzer Zeit zu einer starken Schädigung des gesamten Organismus. Viele Rauschgiftsüchtige sterben an den Folgen ihrer Sucht. - Daß das *Rauchen* die Gesundheit schädigt, ist erwiesen und bekannt.

SORGEN
ertrinken nicht im Alkohol, sie können schwimmen.
HEINZ RÜHMANN

b) Wehrdienst und Ersatzdienst

Die einen sagen: „Es ist immer falsch zu töten. Trage deshalb nie Waffen und mache Ersatzdienst!" - Die anderen sagen: „Es ist wichtig, das eigene Land verteidigen zu können. Wenn wir stark sind und eine gute Armee haben, verkleinern wir das Risiko eines Krieges und dienen so dem Frieden. Denn eine starke Bewaffnung wird einen anderen Staat davon abhalten, uns anzugreifen." Zwischen diesen beiden völlig gegensätzlichen Standpunkten kann in unserem Land jeder frei wählen und eine *Gewissensentscheidung* treffen.

Wie auch immer diese Entscheidung ausfallen wird - das 5. Gebot stellt mit seinem Wortlaut „Du sollst nicht töten" die irrsinnige Bedrohung allen Lebens auf unserer Erde durch Unmengen von atomaren, chemischen und biologischen Waffen direkt in Frage. Christen sollten deshalb nicht nachlassen, sich für Abrüstung und Frieden einzusetzen und dafür täglich zu beten.

c) Du sollst das Leben deines Nächsten fördern!

Das 5. Gebot will uns nicht nur davor bewahren, unserem Nächsten oder uns selber das Leben zu nehmen. Es will uns auch dazu ermutigen, uns gegenseitig das Leben zu erleichtern. „Du sollst nicht töten" heißt positiv ausgedrückt: „Fördere den Lebensraum deines Nächsten!" So hat es auch Martin Luther ausgelegt. Seine vollständige Erklärung des 5. Gebots lautet: „Was ist das? Wir sollen Gott fürchten und lieben, daß wir unserm Nächsten an seinem Leibe keinen Schaden noch Leid tun, *sondern ihm helfen und beistehen in allen Nöten.*"

Helfen und beistehen in allen Nöten: Jeder von uns hat in seinem persönlichen Lebensraum viel Gelegenheit, hier aktiv zu werden. Ein paar Stichworte wollen uns auf die Vielfalt aufmerksam machen, wie wir uns einsetzen können: Nachbarschaftshilfe - Kranke pflegen - zu Einsamen gehen - Behinderte ausfahren - Briefmarken für Bethel sammeln - Geld für Hilfswerke spenden - Weltbibelhilfe unterstützen - für alte Nachbarn Besorgungen machen - sich für Menschen einsetzen, die wegen ihres christlichen Glaubens oder wegen ihrer politischen Überzeugung gefangengehalten werden (Amnesty International) - Ausländer einladen - im Haushalt helfen - Menschen in Schutz nehmen, über die hergezogen wird usw.

Sehen, was gebraucht wird

Das ist das erste, was ein Christ lernen muß. Hier kann man das im Spiel üben: Jede der fünf Personen auf der rechten Seite ist auf einen der Helfer links angewiesen. Die zugehörigen Buchstaben, in der Reihenfolge von 1 bis 5 gelesen, ergeben etwas, das alle brauchen.

3. Das sechste Gebot

„Du sollst nicht ehebrechen."

a) Wozu Ehe?

In den Schöpfungsgeschichten am Anfang der Bibel haben wir gelesen, daß Gott uns Menschen zweigeschlechtlich geschaffen hat „als Mann und Frau" (1.Mose 1,27). Die zweite Schöpfungsgeschichte sagt uns sehr deutlich, *warum* Gott den Menschen zweigeschlechtlich schuf: „Und Gott der Herr sprach: Es ist nicht gut, daß der Mensch allein sei. Ich will ihm eine *Hilfe* schaffen, die zu ihm paßt" (1.Mose 2, 18 [Übersetzung „Zürcher Bibel"]). Das Zusammenleben von Mann und Frau in der Gemeinschaft der Ehe soll also dazu dienen, daß sich beide Ehepartner *gegenseitig durch das Leben helfen.* So ist es gottgewollt und natürlich.

Die eheliche Gemeinschaft ist eine *totale Lebensgemeinschaft.* Auch das sagt die zweite Schöpfungsgeschichte sehr eindeutig: „Darum wird ein Mann seinen Vater und seine Mutter verlassen und seiner Frau anhangen, und sie werden sein *ein* Fleisch" (1.Mose 2,24). Mit der Eheschließung gehen von den Eltern selbständig gewordene Erwachsene eine neue Bindung ein: Der Mann bindet sich an die Frau, die er liebt. Die Frau bindet sich an den Mann, den sie liebt. *Gegenseitiges Vertrauen und Liebe* sind die Voraussetzungen einer gelingenden ehelichen Partnerschaft.

Das Wort „Liebe" wird heute sehr häufig gebraucht. Oft wird es mit „Verliebtsein" gleichgesetzt. Gerne wird „lieben" auch für „miteinander schlafen" verwendet. *Eheliche Liebe* ist aber weitaus mehr als Verliebtsein und körperliche Liebe. Das macht ein Brief von Walter Trobisch an einen jungen Mann klar, der im folgenden auszugsweise abgedruckt ist. Der junge Mann hatte sich brieflich an seinen Seelsorger Walter Trobisch gewendet und geschrieben, daß er ein Mädchen, dessen Namen er nicht kannte, „geliebt" (= mit ihm geschlafen) habe. Daraufhin versucht Trobisch ihm klarzumachen, was *Liebe* ist:

„Ein Satz in deinem Brief hat mir besonders zu denken gegeben. Du schreibst: ‚Ich liebte ein Mädchen.' Nein, mein Lieber. Du hast dieses Mädchen nicht geliebt; Du bist mit ihr ins Bett gegangen – das sind zwei ganz verschiedene Dinge. Du hast ein sexuelles Erlebnis gehabt, aber was Liebe ist, hast Du nicht erfahren. Du kannst zwar zu einem Mädchen sagen: ‚Ich liebe dich', aber was Du in Wirklichkeit meinst, ist etwa folgendes: ‚Ich will etwas haben. Nicht dich, sondern etwas von dir ... Ich will es ohne Aufschub haben ... Was mich interessiert, das ist der Augenblick. Ich benutze dich, um meine Wünsche zu befriedigen. Du bist für mich nur ein Mittel, um mein Ziel zu erreichen. Ich will *haben.* Ohne Umstände *haben.* Sofort *haben.*'

Das ist das Gegenteil von Liebe. Liebe will *geben.* Liebe sucht das Glück des anderen, nicht das eigene. Du hast gehandelt wie ein krasser Egoist ... Laß Dir sagen, was ‚Ich liebe dich' wirklich heißt: ‚Du, du, du. Du allein sollst es sein. Du hast den einzigen Platz in meinem Herzen. Du bist der Mensch, nach dem ich mich gesehnt habe, ohne den ich unvollkommen bin. Für dich will ich alles geben, hingeben, auch mich selbst. Für dich will ich immer dasein. Für dich will ich leben und schaffen. Auf dich will ich warten, gleich wie lange. Mit dir will ich immer Geduld haben. Dich will ich niemals zwingen, auch nicht mit Worten. Dir gegenüber will ich immer offen, aufrichtig, durchsichtig sein. Dich will ich behüten, beschützen, bewahren. Mit dir will ich alles teilen und erleben. Auf dich will ich immer hören. Ohne dich will ich nichts unternehmen. Bei dir will ich bleiben allezeit.'

Merkst Du jetzt, wie weit Dein Erlebnis von einem Liebeserlebnis entfernt war? Du kennst nicht einmal den Namen jenes Mädchens! ... Nein, du hast sie nicht geliebt! Liebe übernimmt Verantwortung für den anderen. Wo geliebt wird, heißt es nicht mehr ‚ich', sondern ‚du': ‚Ich bin für dich verantwortlich. - Du bist für mich verantwortlich' ... Deshalb solltest du äußerst sparsam umgehen mit dem großen Wort: ‚Ich liebe Dich.'"

b) Die standesamtliche Trauung

In der Bundesrepublik Deutschland leben knapp 90 Millionen Bürger. Gesetze regeln das Zusammenleben zum Schutz der Menschen vor Willkür und Bedrohung. Auch das eheliche Zusammenleben ist gesetzlich geregelt. Gesetze schützen den „Raum der Ehe", damit Frau und Mann geistig, seelisch und körperlich *eins* werden können (1.Mose 2,24).

Nach den Gesetzen haben die Ehepartner gegenseitige Rechte und Pflichten. Die standesamtliche Trauung ist eine Art *„Lebensvertrag"* zwischen Mann und Frau. Wird eine Ehe mit Kindern gesegnet, tritt für die Ehepartner auch das *Elternrecht* mit seinen Rechten und Pflichten in Kraft. Gesetzlich geregelt ist ferner der finanzielle Rahmen einer Ehe: Gütergemeinschaft oder Gütertrennung usw.

Ein Ehepartner muß sich auf die Treue des anderen verlassen können. Es kann z.B. nicht ein Mann nach 20 Ehejahren seine Frau mit den Kindern plötzlich „sitzenlassen“, zu einer jüngeren Frau ziehen und sich nicht weiter um seine Familie kümmern. Die Gesetze werden ihn zwingen, seinen Verpflichtungen nachzukommen und den Unterhalt für Frau und Kinder zu bezahlen. So *schützen* entsprechende Gesetze verheiratete Frauen, Männer und auch die Kinder vor den Folgen von Willkür und Verantwortungslosigkeit, wenn sie auch Schuld und Leid nicht verhindern können.

c) Die kirchliche Trauung

Zwei Menschen lernen einander kennen und lieben. Sie prüfen sich und beschließen nach einem längeren Zeitraum, zu heiraten. Diese Entscheidung prägt ihr zukünftiges Leben. Als *Christen* sehen wir unser Leben vor dem Hintergrund des verborgenen Wirkens Gottes. Er kennt und lenkt unseren Lebensweg im Verborgenen. Wenn wir uns nach reiflicher Überlegung zu heiraten entschlossen haben, dann tun wir das im Vertrauen darauf, daß *Gott* - und nicht ein blindes Schicksal oder der Zufall - uns zusammengeführt hat. Dann werden wir nach der standesamtlichen Trauzeremonie den Weg in die Kirche finden und Gott im Traugottesdienst um seinen *Segen für unsere Ehe* bitten.

Im *Traugottesdienst* hält der Pastor oder die Pfarrerin eine Predigt über den *Trauspruch*, ein Wort aus der Bibel, das als „Überschrift“ über der neuen Ehe stehen soll (z.B. 1.Korinther 13,13; Galater 6,2; Epheser 4,32).

Der Pfarrer oder die Pastorin fragt dann die Brautleute „vor Gott und dieser Gemeinde“ einzeln, ob sie in Liebe, Verständnis und Treue beieinander bleiben wollen „in guten und schweren Zeiten, bis der Tod eure eheliche Gemeinschaft beendet“. Die Brautleute antworten dann jeder für sich: „Ja, *mit Gottes Hilfe*“, weil niemand von uns Menschen für seine Zukunft garantieren kann. Doch als Christen vertrauen wir auf Gottes Hilfe. Sie „stützt“ unser menschliches „Ja“ ab (siehe die Zeichnung [⇨]). Es kommt dann allerdings alles darauf an, daß wir *Gottes Hilfe auch in Anspruch nehmen*: im *Gebet* (Dank - Bitte - Fürbitte) und im *Hören auf Gottes Wort* (was kann eine Predigt über die Liebe Christi und Gottes zu uns Menschen alles an Anregungen für eine gute Eheführung enthalten!).

Nach dem *Ringwechsel* spricht der Pastor oder die Pfarrerin das Brautpaar als christliche Eheleute zusammen an: „Was Gott als Einheit gemeint hat, das soll der Mensch nicht trennen.“ Die *Bitte um Gottes Segen* für das neuvermählte Paar und die *Segnung der Eheleute* beschließen den Traugottesdienst.

d) Die Bedeutung des sechsten Gebots für das eheliche Leben

Das 6. Gebot „Du sollst nicht ehebrechen“ zielt auf den *Schutz der Ehe*. Es schützt meine Ehe vor Zugriffen anderer (sie sollen in meine Ehe nicht „einbrechen“), und es will mich und meinen Ehepartner davor bewahren, aus unserer Ehe „auszubrechen“ („Seitensprung“). Die beste Art, das 6. Gebot zu halten, ist die *Führung einer guten Ehe*. Wenn zwei Ehepartner sich wirklich lieben, dann ist die geistige, seelische und körperliche Bindung so stark, daß sie gar nicht ihre Ehe zer-brechen wollen. Doch eine gute Ehe stellt sich nicht von selber ein. Man muß etwas dafür tun. Eheleute müssen *gemeinsam daran arbeiten* und die *gute Beziehung zueinander pflegen*. Dabei hat das ständige und offene Gespräch zwischen den Ehepartnern für das Gelingen ihrer Ehe entscheidende Bedeutung. Im Gespräch mit Gott (Beten - Hören auf Gottes Wort) nehmen christliche Eheleute Gottes Hilfe für ihre Eheführung in Anspruch.

Berühmte Ehepaare
aus dem Alten und Neuen Testament sind hier zu sehen, allerdings auseinandergerissen. Wer gehört zu wem? Ihre Geschichte steht jeweils in 1. Mose/Genesis 18 und 24, 2. Mose/Exodus 4, Lukas 1 und Apostelgeschichte 5.

4. Das siebente Gebot

„Du sollst nicht stehlen."

Der Sinn des 7. Gebots „Du sollst nicht stehlen" liegt klar auf der Hand: „Respektiere das Eigentum deines Nächsten!" Gottes Gebot schützt das Eigentum. Friede im Zusammenleben von Menschen ist nur möglich, wenn ich nicht befürchten muß, daß mir jemand mein Eigentum beschädigt oder wegnimmt (z.B. Diebstahl von Fahrrädern oder Fahrradteilen, Ladendiebstahl, heimliche Sachbeschädigungen). So halte ich mich selber an das 7. Gebot, und so erwarte ich, daß es auch die anderen tun.

Die Bereicherung auf Kosten anderer hängt oft mit dem Wunsch zusammen, sich das auch leisten zu können, was andere haben. Neid und Habgier stellen sich ein und verführen einen Menschen zum Übertreten des 7. Gebots. Dabei wird oft großer Schaden und Leid angerichtet, denn manche Dinge, die gestohlen werden (z.B. eine Uhr, die ein Konfirmand von seinem verstorbenen Großvater geerbt hat), haben für den Bestohlenen oftmals großen Erinnerungswert. Das 7. Gebot warnt: Achte das Eigentum des anderen! Du wirst es dann respektieren, wenn du mit dem zufrieden bist, was Gott dir gibt. Wenn du Gott für dein Leben und für alles, was dir gehört, dankbar bist, dann wirst du davor bewahrt bleiben, gegen das 7. Gebot zu verstoßen. Das *Dankgebet* hilft uns, das 7. Gebot zu beachten.

> Man soll Gott in dem finden und lieben, was er uns gerade gibt.
> DIETRICH BONHOEFFER

Martin Luther zum 7. Gebot: „Was ist das? Wir sollen Gott fürchten (= respektieren) und lieben, daß wir unsers Nächsten Geld und Gut nicht nehmen noch mit falscher Ware oder Handel an uns bringen, sondern ihm sein Gut und Nahrung *helfen bessern und behüten.*"

Benjamin unter Diebstahlverdacht

Ein Straftatbestand aus der Josef-Akte (1.Mose 43-45):

Bei Benjamin, Josefs jüngstem Bruder, findet der ägyptische Haushalter anläßlich einer Gepäckkontrolle einen silbernen Becher. Er stammt eindeutig aus Josefs Besitz, der übrigens inzwischen eine erstaunliche Karriere gemacht hat.

Wie kam der Becher in den Getreidesack?

Und welchen Zweck hat das alles?

5. Das achte Gebot

„Du sollst nicht falsch Zeugnis reden wider deinen Nächsten."

a) Worte sind Taten

Unser Reden hat mehr Wirkung auf unsere Umwelt, als wir denken. Worte sagt man nicht nur so dahin, *Worte wirken*. Sie können trösten und ermutigen, sie können aber auch verletzten und „töten". Von der Zunge - dem „Sprechorgan" - heißt es in der Bibel: „So ist auch die Zunge ein kleines Glied und richtet große Dinge an. Siehe, ein kleines Feuer, welch einen Wald zündet's an!" (Jakobus 3,5). Das 8. Gebot rät dazu, daß all unser Reden und Sprechen von *Wahrhaftigkeit und Liebe* geprägt sein soll, damit wir anderen Menschen und auch uns selber keinen Schaden zufügen.

b) Unwahrhaftigkeit macht Leben kaputt

❑ Ein Meineid (= falscher Eid) oder eine Falschaussage vor Gericht kann einem unschuldigen Menschen die Verurteilung bringen, also sein Leben ruinieren.

❑ Eine Zeitung veröffentlicht im Zusammenhang eines Mordes den Namen des Verdächtigen „Fritz Müller". Auch wenn, wie sich später herausstellt, dieser Mensch gar nichts mit dem Verbrechen zu tun hat, ist sein Name in Zukunft doch im Bewußtsein vieler Menschen mit der Mordtat verbunden. Die Veröffentlichung des Namens eines Verdächtigen in der Zeitung kann zu einem Fall von „Rufmord" werden.

❑ Wer aus Mangel an Beweisen freigesprochen wurde, darf nicht hinter seinem Rücken weiterhin verdächtigt werden. Auch das ist „Rufmord".

❑ Mancher beteiligt sich an Gerüchten und Klatsch: „Ich glaube, daß Hans Meier manchmal trinkt." Kurze Zeit später heißt es bereits: „Hans Meier ist nie nüchtern." Auch das ist „Rufmord". Wer sich so verhält, macht das unproblematische Zusammenleben eines Menschen mit seinen Mitmenschen unmöglich. Es ist schlimm, wenn eine Fabrik ihre Abwässer ungeklärt in Bäche oder Flüsse einleitet und damit das Leben an Stränden und in Fischereigewässern zerstört. Genauso verpestet und verdirbt das Leben anderer Menschen, wer klatscht, verleumdet, böse Gerüchte weiterverbreitet oder selber ausstreut.

Redet nicht über ihn, sondern mit ihm!

c) Lügen belasten das menschliche Zusammenleben

Klaus hat heimlich das Fahrrad seines Bruders Martin benutzt, als dieser nicht zu Hause war. Er hat aber nicht gut aufgepaßt und ist mit einer Frau, die vom Einkaufen kam, auf dem Fahrradweg zusammengestoßen. Dabei verbog sich das Vorderrad von Martins Fahrrad. Es gelingt beiden Unfallpartnern, das Rad wieder fahrtüchtig zu machen. Aber so einwandfrei wie vorher läuft das Vorderrad nicht mehr. Klaus radelt sofort nach Hause und stellt das Fahrrad in den Fahrradstand. Bruder Martin ist noch nicht zu Hause. Klaus hofft, daß er nichts bemerkt.

Am nächsten Tag fragt Martin seinen Bruder Klaus, ob er gestern sein Fahrrad benutzt habe. Das Vorderrad laufe so merkwürdig. Als er gestern von der Schule kam, da war das Rad noch ganz in Ordnung gewesen. Klaus wehrt ab. Nein, er habe das Rad nicht benutzt. Er fragt aber Martin, ob er über eine Bordkante oder einen Stein gefahren sei. Davon können feine Radfelgen verbiegen. - Die nächsten Tage meidet Klaus alles, was mit dem Thema „Fahrrad" zusammenhängt, beim gemeinsamen Essen. Ansonsten geht er seinem Bruder Martin aus dem Weg. Bis dieser vier Tage nach dem Unfall „stinksauer" in das Zimmer seines Bruders Klaus gerannt kommt und ihn anschreit: „Du gemeiner Kerl, du hast mich belogen. Du hast heimlich doch mein Fahrrad benutzt. Du bist mit der Mutter eines Klassenkameraden von mir zusammengestoßen. Sie läßt fragen, ob wieder alles in Ordnung ist. Nie wieder kriegst du mein Fahrrad, nie wieder! Und im Keller werde ich das Rad in Zukunft jetzt abschließen!" Martin schlägt die Tür zum Zimmer seines Bruders wütend zu. Klaus steht da wie ein begossener Pudel. Er hat einen roten Kopf bekommen. „So'n Mist", denkt er, „ist es also doch rausgekommen!" Ist ihm das zwar im Moment auch sehr unangenehm, so fühlt er sich doch auch entlastet. „Gott sei Dank", geht es ihm durch den Kopf, „jetzt hat dieses blöde Versteckspiel wenigstens ein Ende. Ich werde mich bei Martin entschuldigen." Klaus nimmt ein Poster von der Wand, auf das Martin schon immer scharf war, klopft bei seinem Bruder an und versöhnt sich mit ihm.

So einfach wie in diesem Beispiel geht es nicht immer ab. Mancher hält bestimmte Lügen lange durch - vielleicht ein Leben lang. Dieses „Theaterspiel" kostet vor allem den „Lügner" selbst viel Kraft. Er muß auf alle erdenkliche Weise dafür sorgen, daß der Belogene in Unkenntnis der Wahrheit bleibt. *Grundlage jedes menschlichen Zusammenlebens ist das gegenseitige Vertrauen.* Lügen bedeutet: das Vertrauen, das der andere meinen Worten entgegenbringt, mißbrauchen. Ich sage ihm die Unwahrheit und hoffe, daß er mir das glaubt. Kommt die Lüge an den Tag, ist besonders das Vertrauensverhältnis zwischen Belogenem und Lügner in Frage gestellt: „Hat er mich einmal belogen, wird er es vielleicht wieder tun." „Hat er mich dieses Mal belogen, hat er es vielleicht schon häufiger getan." - Die Folge: „Wieweit kann ich dem, was er mir sagt, überhaupt noch Glauben schenken?" Wer lügt, wer gar „Notlügen" allzu schnell rechtfertigt, der macht sich das Leben nur selber schwer und belastet das Vertrauensverhältnis zu seinen Mitmenschen (Sprichwort: „Wer einmal lügt, dem glaubt man nicht, und wenn er auch die Wahrheit spricht").

d) Was will das achte Gebot?

Das 8. Gebot will uns vor Umweltvergiftung durch böses Gerede oder Lügen bewahren. Es warnt uns vor der Verbreitung von Unwahrheiten (z.B. „Rufmord"); es will uns aber auch davor warnen, das Vertrauensverhältnis zu unseren Nächsten mit Lügen zu zerstören. Es will uns positiv dazu anhalten, daß wir unser Reden von der *Wahrhaftigkeit* und von der *Nächstenliebe* bestimmt sein lassen.

In diesem doppelten Sinn der Warnung vor Rufmord und Lüge auf der einen Seite und der Ermutigung zu wahrhaftigem, liebevollem Reden auf der anderen Seite hat auch *Martin Luther* das 8. Gebot ausgelegt: „Was ist das? Wir sollen Gott fürchten (= respektieren) und lieben, daß wir unsern Nächsten nicht belügen, verraten, verleumden oder seinen Ruf verderben, sondern wir sollen ihn entschuldigen, Gutes von ihm reden und alles zum besten kehren."

Die folgenden drei „Kontrollfragen" können uns helfen, im Sinne des 8. Gebots zu leben:

❶ Ist das, was wir anderen Menschen weitererzählen wollen, von uns geprüft und für wahr befunden worden?

❷ Muß das, was wir weitererzählen wollen, notwendig verbreitet werden?

❸ Ist das, was wir weitererzählen wollen, gut für den, von dem wir berichten, und gut für den, dem wir es erzählen?

Eine vorsätzlich falsche Zeugenaussage

Josef steht vor Gericht bzw. vor dem Pharao. Es wird ihm etwas vorgeworfen, was er gar nicht getan hat. Wegen welcher der drei Anschuldigungen muß er ins Gefängnis? Näheres bei 1.Mose 39.

6. Das neunte und zehnte Gebot

„*Du sollst nicht begehren* deines Nächsten Haus!" – „*Du sollst nicht begehren* deines Nächsten Weib, Knecht, Magd, Vieh noch alles, was sein ist!"

Diese beiden Gebote haben landwirtschaftlich geprägte Verhältnisse im Blick („Knecht, Magd, Vieh"). Doch ist die eigentliche Forderung dieser Gebote in unserer von der Industrialisierung geprägten Welt nicht überholt. Das Hauptanliegen des 9. und 10. Gebots ist nämlich in den Worten *„Du sollst nicht begehren"* enthalten.

„Begehren" - was ist das? „Begehren" hängt mit „Begierde" zusammen. Im 9. und 10. Gebot ist insbesondere die „Gier" nach dem gemeint, was einem anderen gehört, was aber ich haben möchte. Die Wurzel dieser „Habgier" ist der Neid. *Das Gebot „Du sollst nicht begehren" führt uns an die Wurzel des Bösen in uns heran. Es deckt unseren Egoismus auf. Das eigene Ich vor alles andere setzen ist die gefährlichste Sünde.*

✖ *Ich* will die Frau meines Nächsten haben (6. Gebot). Wer so denkt, wird entsprechend handeln. Er respektiert die fremde Ehe nicht. Er nutzt vielleicht Schwächen des Ehemannes aus und trifft sich heimlich mit dessen Frau. Er bewegt sie dazu, die Scheidung einzureichen.

✖ *Ich* will den Reichtum meines Nächsten haben (7. Gebot). Ein einfacher Fall: Ein Mädchen klaut einer Mitschülerin ein wunderschönes goldenes Kettchen aus der Tasche, als sich niemand im Umkleideraum der Turnhalle aufhält. - Ein schlimmer Fall: Ein Räuber vermutet bei einem wohlhabenden Architekten eine gefüllte Brieftasche, überfällt ihn im Dunkeln und schlägt ihn dabei möglicherweise tot. Das ist „Raubmord" (5. Gebot).

✖ *Ich* will der Erste sein: In A-Dorf gibt es zwei Dorfkrüge. Beide machen sich Konkurrenz. Wirt Hans Wunder möchte, daß sein Lokal die „Nr.1" in A-Dorf wird. Durch Freunde läßt er das Gerücht ausstreuen, daß der andere, der Lindenwirt, das Bier mit Wasser verdünnt. Zuerst glauben die Dorfbewohner das nicht. Denn das Bier schmeckt beim Lindenwirt ganz normal. Als das böse Gerücht immer wieder verbreitet wird, denkt so mancher: „Vielleicht ist doch etwas dran an dem Gerücht." Nach und nach bleiben dem Lindenwirt die Gäste weg. Wohl kann er sich über Wasser halten, aber Hans Wunders Lokal wurde die „Nr.1" in A-Dorf - mit Hilfe einer Verleumdungskampagne, und zwar auf Kosten des Lindenwirts (8. Gebot).

Laß dich nicht vom Bösen überwinden, sondern überwinde das Böse mit Gutem. *Römer 12,21*

Alle diese Beispiele zeigen: Zuerst beschleicht einen Menschen die Habgier oder der Neid. Diesen Vorgang kann man nicht sehen, er findet „im Herzen" des Menschen statt. Erst dann kommt es zu Taten, zu Gebotsübertretungen mit entsprechenden Folgen. So wollen die Gebote 9 und 10 „Du sollst nicht begehren" uns warnen, bevor es zu spät ist. Wir sollen auf unsere „Begierden", auf unsere „Habgier" und auf unseren „Neid" achthaben und zusehen, daß daraus nichts Böses entsteht. Mit dem 9. und 10. Gebot will Gott uns helfen, *uns selber besser zu verstehen* und das Böse in uns schon dann zu erkennen, wenn es sich in unserem Fühlen und Denken breitmacht. Vielleicht gebe ich mich dann meinem Haß und meinem Neid nicht einfach hin (anders verhielt sich Kain: 1.Mose 4,3-8). Vielleicht gehe ich dann in mich. Vielleicht entdecke ich die Wurzel meines Neides und meiner Habgier:

Ich bin unzufrieden, weil ich vergessen habe, mir bewußt zu machen, wie gut es mir geht. Ich bin unzufrieden, weil ich vergessen habe, Gott für mein Leben mit allem, was dazugehört, zu danken. „Lobe den Herrn, meine Seele, und vergiß nicht, was er dir Gutes getan hat" (Psalm 103, 2). Nur der Mensch „begehrt" nicht, was einem anderen gehört, der dankbar und zufrieden mit dem ist, was Gott ihm in seinem Leben gibt.

Die größte Kraft des Glaubens ist der

Dank

(Friedrich von Bodelschwingh)